外国人技能実習生
（介護職種）のための
よくわかる
介護の知識と技術

指導の手引き

監修　一般社団法人シルバーサービス振興会

中央法規

はじめに

　本書は、介護職種における技能実習指導員向けに、技能実習生への指導のポイントや文化の違い、事例紹介等を掲載しております。すでに発行している技能実習生向けの『外国人技能実習生（介護職種）のためのよくわかる介護の知識と技術』（中央法規出版）に対応して作成されていますので、技能実習生が学ぶ内容に合わせて指導のポイントを確認することができます。

　技能実習指導員は、介護技能の適切な移転において重要な役割を担っています。「外国人の技能実習の適正な実施及び技能実習生の保護に関する法律」において、技能実習生は、技能が修得できているかを確認するための試験（介護技能実習評価試験）を受けることが定められております。とくに、第1号技能実習修了時（初級試験）においては、技能実習指導員の指示の下で行う介助を確認することとしています。日頃の指導の成果が試験に大きく影響するとともに、試験時にも重要な役割を担うことから、技能実習指導員は、移転すべき介護技能の内容はもとより、実技試験や学科試験の方法など介護技能実習評価試験についての十分な理解も必要となります。

　EPA（経済連携協定）、在留資格「介護」、技能実習、特定技能と、外国人介護人材受入れのしくみが拡大するなか、外国人介護人材の雇用経験があり指導体制が確立されている事業所・施設は全国的に見てもまだ少なく、技能実習指導員の皆様のなかには、技能実習生の受入れにあたって不安を抱えている方もいらっしゃることと思います。

　本書では、技能実習生が習得しなければいけない技能を標準化しながら、技能実習生が全国どこの事業所・施設で就労しても適切に技能実習が実施されるよう、技能実習指導員の指導内容の標準化を図ることを目指しております。そのため、これまで外国人介護人材を受入れてこられた事業所・施設等の教育担当者、EPA介護福祉士候補生の日本語指導者を執筆者に迎え、指導のポイントや具体的な取組事例等を執筆いただきました。これらの内容は、技能実習に限らず、他のしくみで入国する外国人介護人材等の外国籍の方々にも活用できるものとなっております。

　介護技能実習は、本来の国際貢献としての役割だけでなく、我が国の介護職の社会的評価の向上や、介護サービスの質の向上にもつながるものであり、技能実習指導員の皆様は、その中心的な役割を担うことになります。本書が、そのお役に立てることを願っております。

2019年7月

一般社団法人シルバーサービス振興会

外国人技能実習制度とは

　外国人技能実習制度は、我が国において、製造業をはじめとして国際的に高い技術力が評価されるさまざまな職種で培われた技能、技術または知識（以下、「技能等」）を、開発途上地域等へ移転し、人材育成に寄与することをもって国際協力の推進を図ることを目的とした制度です。こうした趣旨・目的は、1993年の制度創設以来一貫している考え方です。このため、「外国人の技能実習の適正な実施及び技能実習生の保護に関する法律」（以下、技能実習法）には、基本理念として「技能実習は、労働力の需給の調整の手段として行われてはならない。」（法第3条第2項）と明記されています。

　技能実習制度においては、それぞれの職種・作業ごとに、移転対象となる適切な業務内容・範囲を明確化するとともに、公的評価システムの構築が求められています。また、技能実習生は、日本における技能実習の受入れ先となる実習実施者と雇用契約を結び、効果的に技能等の修得ができるよう、技能実習指導員による現場でのOJT（On-the-Job Training）を通じて、出身国では修得が困難な技能等の修得・習熟・熟達を目指した一定期間の技能実習を受けることになります。

　また、実習実施者（技能実習指導員）における技能実習生の受入れについても、実習期間は最長5年とされ、技能等の修得は技能実習計画（以下、「計画」という）に基づいて行われることとされています。

　このように、実習実施者（技能実習指導員）は、こうした技能実習法の趣旨・目的を十分に理解しながら、計画に基づいて技能等が適切に修得できる環境を整えなければならず、単に人材の確保を目的とした技能実習生の受入れや、実習実施者固有の業務のみを指導するようなことを行ってはなりません。

1　技能実習生の入国から帰国までの流れ

　技能実習生が、第1号技能実習から第2号技能実習へ、第2号技能実習から第3号技能実習へそれぞれ移行するためには、技能が適切に移転されているか確認するための技能実習評価試験を受ける必要があります（図表1参照）。また、第3号技能実習が修了する前にも受検する必要があります。この試験について介護職種においては、「介護技能実習評価試験」が指定されています。

図表1　技能実習制度の概要

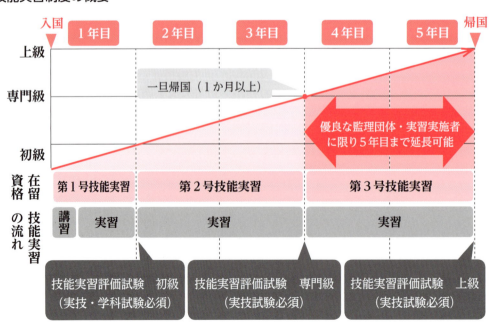

2　技能実習制度に介護分野が追加された背景

　世界保健機関（WHO）によると、人口の高齢化は世界的にも進みつつあります。なかでも我が国は、平均寿命が男性81.1歳、女性87.1歳（世界保健統計2019）と「世界一の長寿国」になっており、他国と比較し、高齢化が急速に進展しています。人口構造の変化に伴う高齢化率の上昇や認知症高齢者の増加等、介護ニーズの高度化、多様化に対応するため、介護保険制度の導入、地域包括ケアシステムの構築、介護人材の育成（介護技術の標準化）等の取組みが「日本型の介護」として評価され、我が国の介護技術を海外から取り入れようとする動きも出てきています。とりわけ、アジア諸国の多くでは、我が国よりもさらに速いスピードで高齢化が進むと予想されており、身近である日本の介護技術を取り入れようとする動きは活発化しています。

　こうしたなか、我が国では、2008年度からEPA（経済連携協定）に基づき、二国間（インドネシア、ベトナム、フィリピンの3か国）の経済連携の強化の観点から特例的に外国人介護人材の受入れを開始しました。さらに、政府では『「日本再興戦略」改訂2014』（2014年6月24日閣議決定）において、この外国人介護人材の受入れに関して、新たに外国人技能実習制度の抜本的見直しとあわせて、国内外で人材需要が高まることが見込まれる分野・職種のうち、制度趣旨を踏まえ、移転すべき技能として適当なものについては、随時対象職種に追加するという基本方針が示されました。これを受け、「技能実習制度の見直しに関する法務省・厚生労働省合同有識者懇談会」において、制度の趣旨・目的に沿った技能等の修得・移転が確保され、かつ技能実習生の人権確保が図られるよう、管理監督体制の強化を前提とした制度見直しに向けた検討が進められました。また、前述した背景の下で、国内外で急速に人材需要が高まることが見込まれる介護分野の職種追加については、厚生労働省に設置された「外国人介護人材受入れの在り方に関する検討会」等での検討結果を踏まえて適切に対応することとされました。

3　介護職種追加の基本的な考え方

　この「外国人介護人材受入れの在り方に関する検討会」においては、アジアの国々で高齢化が進む中、介護分野で技能実習生を受入れることは、日本の国際貢献としても大きな意義があることとする一方で、対人サービスとして初めての職種追加となる検討であることから、介護サービスの特性に基づくさまざまな懸念に対応するため、介護固有の要件に対応できる制度設計とすることを前提として職種追加が検討されました。

　この介護職種での技能実習生の受入れにあたっての要件については、「外国人介護人材受入れの在り方に関する検討会　中間まとめ」（2015年2月4日）（以下、「中間まとめ」）における基本的考え方として、以下の3つの要件が示されています。

---

①介護が「外国人が担う単純な仕事」というイメージにならないようにすること
②外国人について、日本人と同様に適切な処遇を確保し、日本人労働者の処遇・労働環境の改善の努力が損なわれないようにすること
③介護のサービスの質を担保するとともに、利用者の不安を招かないようにすること

　これを受け、介護職種においては、外国人技能実習制度本体の要件（管理監督体制の強化等）に加え、技能実習生の日本語能力、技能実習指導員、受入れ人数枠の設定等の固有の要件が定められました。

介護職種追加の流れ

　「技能実習制度における移行対象職種・作業の追加等に係る事務取扱要領」に基づき、介護職種追加にあたっての事務手続きが進められました。「介護技能実習評価試験」は業界総意の下で創設された後、厚生労働省に設置された専門家会議での審査、パブリックコメント等を経て、厚生労働省人材開発統括官から認定されています。またあわせて、当該試験の実施機関としては、制度上求められる試験実施機関としての適格性を満たすとともに、全国で適正に評価試験を実施できる団体として「一般社団法人シルバーサービス振興会」が認可されています。

図表2　技能実習制度における介護職種追加の手続き

①介護・医療等関係者の合意	介護業界内の合意、海外の実習ニーズの把握、所管省庁（厚生労働省）への相談等
②評価試験案の作成	評価試験の基準案・試験案の作成、試行運用
③技能実習計画の審査基準案の作成	業務の範囲の明確化、技能実習計画の審査基準案の作成
④専門家会議における確認およびパブリックコメント	厚生労働省に設置された専門家会議における意見聴取、パブリックコメント、専門家会議における認定基準の適合性の確認
⑤技能実習評価試験の認定、審査基準の決定および施行規則の改正	④の結果を踏まえ、人材開発統括官は試験の認定および審査基準の決定、法務省及び厚生労働省は施行規則の改正
⑥その他（告示要件等）	当該職種の固有の事情に基づく独自の要件を課す場合には、厚生労働省が内容の検討を行い、法務省および厚生労働省と協議の上、告示

4　介護職種において移転すべき技能とは

　技能移転が目的である技能実習制度においては、移転対象となる適切な業務内容・範囲を明確化することが重要となります。このため、前述した「中間まとめ」において、介護職種において移転すべき技能の水準・内容が取りまとめられました。

【参考】外国人介護人材受入れの在り方に関する検討会　中間まとめ
移転対象となる適切な業務内容・範囲の明確化について

○「介護については、従来のものづくり等の対物サービスとは性格が異なることから、「作業」ではなく「業務」として整理し、移転すべき介護業務の具体的な内容を明示することが必要である。」

○「移転の対象となる「介護」業務が、単なる物理的な業務遂行とならないよう、一定のコミュニケーション能力の修得、人間の尊厳や介護実践の考え方、社会の仕組み・こころとからだのしくみ等の理解に裏付けられたものとして位置付けることが重要である。特に、認知症ケアについては、我が国の介護技術の特徴をなすものであり、また国際的にも技能ニーズが高まることを踏まえ、関連する知識等の理解を伴うものとすることが重要である。」

〇「「介護」業務については、次のように類型化すべきである。

・必須業務：身体介護（入浴・食事・排泄等の介助等）

・関連業務：身体介護以外の支援（掃除、洗濯、調理等）、間接業務（記録、申し送り等）

・周辺業務：その他（お知らせなどの掲示物の管理等）」

適切な評価システムの構築について

〇「介護は単なる作業ではなく、利用者の自立支援を実現するための思考過程に基づく行為であることを踏まえ、それに必要な考え方等の理解を含めて、移転の対象と考えることが適当である。」

〇「技能実習時の各年の到達水準については、限られた期間で修得可能なレベルであること、技能実習生が帰国した後、母国において、修得した技能を発揮することが求められることの双方のバランスを考慮する必要があることを念頭に置き、次のとおり設定すべきである。」

1年目修了時 （初級試験）	指示の下であれば、決められた手順等に従って、基本的な介護を実践できるレベル
2年目修了時	指示の下であれば、利用者の心身の状況に応じた介護を一定程度実践できるレベル
3年目修了時 （専門級試験）	自ら、介護業務の基盤となる能力や考え方等に基づき、利用者の心身の状況に応じた介護を一定程度実践できるレベル
5年目修了時 （上級試験）	自ら、介護業務の基盤となる能力や考え方等に基づき、利用者の心身の状況に応じた介護を実践できるレベル

〇「評価対象については、介護にかかる動作として目視できる表層的な作業内容だけでなく、その業務の基盤となる能力、考え方も含めて評価項目、評価基準等を設定すべきである。」

適切な実習実施機関（実習実施者）の対象範囲の設定について

〇「いわゆる「介護」は、日常生活上の行為を支援するものであり、多様な場で展開され得るものである。しかしながら、適切な技能移転を図るためには、移転の対象となる「介護」の業務が行われていることが制度的に担保されている範囲に限定すべきである。」

〇「実習実施機関（実習実施者）の範囲については、「介護」の業務が関連制度において想定される範囲として、介護福祉士の国家試験の受験資格要件において、「介護」の実務経験として認められる施設に限定すべきである。」

これらを踏まえ、図表3のとおり「移転対象となる業務内容・範囲」が示されています。

このように介護分野における技能実習については、技能実習生に対して現場でのOJTを通じて実践力としての介護技能を指導し、介護技能実習評価試験の実技試験の評価にあたっては、技能実習の成果として利用者の自立支援を実現するため、利用者の状態に応じた介護行為を行えているかどうかを評価することとしています。

図表3　移転対象となる業務内容・範囲

業務の定義	○身体上または精神上の障害があることにより、日常生活を営むのに支障がある人に対し、入浴や排泄、食事などの身体上の介助やこれに関連する業務をいう。		
	第1号技能実習	第2号技能実習	第3号技能実習
必須業務（移行対象職種・作業で必ず行う業務）	（1）身体介護業務 （これらに関連する、準備から記録・報告までの一連の行為を含む） ①身じたくの介護（1）の3.については、状況に応じて実施） 　1）整容の介助 　　1. 整容（洗面、整髪等） 　　2. 顔の清拭 　　3. 口腔ケア 　2）衣服着脱の介助 　　1. 衣服の着脱の介助（座位・臥位） ②移動の介護 　1）体位変換 　　1. 体位変換 　　2. 起居の介助（起き上がり・立位） 　2）移動の介助（2.については、状況に応じて実施） 　　1. 歩行の介助 　　2. 車いす等への移乗の介助 　　3. 車いす等の移動の介助 ③食事の介護 　1）食事の介助 ④入浴・清潔保持の介助（3）については、状況に応じて実施） 　1）部分浴の介助 　　1. 手浴の介助 　　2. 足浴の介助 　2）入浴の介助 　3）身体清拭 ⑤排泄の介護（3）については、状況に応じて実施） 　1）トイレ・ポータブルトイレでの排泄介助 　2）おむつ交換 　3）尿器・便器を用いた介助	（1）身体介護業務 （これらに関連する、準備から記録・報告までの一連の行為を含む） ①身じたくの介護（1）の3.については、状況に応じて実施） 　1）整容の介助 　　1. 整容（洗面、整髪等） 　　2. 顔の清拭 　　3. 口腔ケア 　2）衣服着脱の介助 　　1. 衣服の着脱の介助（座位・臥位） ②移動の介護 　1）体位変換 　　1. 体位変換 　　2. 起居の介助（起き上がり・立位） 　2）移動の介助 　　1. 歩行の介助 　　2. 車いす等への移乗の介助 　　3. 車いす等の移動の介助 ③食事の介護 　1）食事の介助 ④入浴・清潔保持の介助（3）については、状況に応じて実施） 　1）部分浴の介助 　　1. 手浴の介助 　　2. 足浴の介助 　2）入浴の介助 　3）身体清拭 ⑤排泄の介護（3）については、状況に応じて実施） 　1）トイレ・ポータブルトイレでの排泄介助 　2）おむつ交換 　3）尿器・便器を用いた介助	（1）身体介護業務 （これらに関連する、準備から記録・報告までの一連の行為を含む） ①身じたくの介護 　1）整容の介助 　　1. 整容（洗面、整髪等） 　　2. 顔の清拭 　　3. 口腔ケア 　2）衣服着脱の介助 　　1. 衣服の着脱の介助（座位・臥位） ②移動の介護 　1）体位変換 　　1. 体位変換 　　2. 起居の介助（起き上がり・立位） 　2）移動の介助 　　1. 歩行の介助 　　2. 車いす等への移乗の介助 　　3. 車いす等の移動の介助 ③食事の介護 　1）食事の介助 ④入浴・清潔保持の介助 　1）部分浴の介助 　　1. 手浴の介助 　　2. 足浴の介助 　2）入浴の介助 　3）身体清拭 ⑤排泄の介護（3）については、状況に応じて実施） 　1）トイレ・ポータブルトイレでの排泄介助 　2）おむつ交換 　3）尿器・便器を用いた介助 ⑥利用者特性に応じた対応（認知症、障害等） 　1）利用者特性に応じた対応
	（2）安全衛生業務 ①雇入れ時等の安全衛生教育 ②介護職種における疾病・腰痛予防 ③福祉用具の使用方法及び点検業務 ④介護職種における事故防止のための教育 ⑤緊急時・事故発見時の対応		
関連業務、周辺業務 （上記必須業務に関連する技能等の修得に係る業務等で該当するものを選択すること。）	（1）関連業務 ①掃除、洗濯、調理業務 　1. 利用者の居室やトイレ、事業所内の環境整備 　2. 利用者の衣類等の洗濯 　3. 利用者の食事にかかる配下膳等 　4. 調理業務（ユニット等で利用者と共に行われるもの） 　5. 利用者の居室のベッドメイキングやシーツ交換 ②機能訓練の補助やレクリエーション業務 　1. 機能訓練の補助や見守り 　2. レクリエーションの実施や見守り ③記録・申し送り 　1. 食事や排泄等チェックリスト等による記録・報告 　2. 指示を受けた内容に対する報告 　3. 日誌やケアプラン等の記録及び確認（必要に応じて）	（2）周辺業務 　1. お知らせなどの掲示物の管理 　2. 車いすや歩行器等福祉用具の点検・管理 　3. 物品の補充や管理 （3）安全衛生業務（関連業務、周辺業務を行う場合は必ず実施する業務） 　上記※に同じ	
使用する素材（材料）（該当するものを選択すること。）			
使用する機械、設備、器工具等（該当するものを選択すること。）	【機械、設備等】（必要に応じて使用すること） ・入浴　…　介護用浴槽、入浴用リフト、バスボード、浴槽マット、シャワーチェア、シャワーキャリー、浴槽内椅子等 ・移動　…　スイングアーム介助バー、移動用リフト ・その他　…　特殊寝台、スクリーンやカーテン等 【用具】（必要に応じて使用すること） ・整容　…　洗面容器、ブラシ、タオル、ガーゼ、歯ブラシ、コップ、ガーグルベースン、スポンジブラシ、舌ブラシ、デンタルフロス、綿棒、歯磨き粉、マウスウォッシュ等 ・入浴　…　洗面容器、タオル、ガーゼ、スポンジ、石鹸、保湿クリーム、温度計等 ・食事　…　食器一式（皿、スプーン、フォーク、ナイフ、箸、コップ等）、食事用エプロン等 ・排泄　…　ポータブルトイレ、尿器・便器、おむつ（紙製、布製）、タオル、ガーゼ、トイレットペーパー等 ・衣服の着脱…　衣類（上着類、下着類） ・移動　…　スライディングボード、クッション、体位変換器、車いす（自走、電動含む）、車いす付属品、歩行器、歩行補助杖（T字杖、ロフストランド・クラッチ、多点杖、松葉杖等）等 ・利用者特性に応じた対応　…　義歯、義肢装具、補聴器、コミュニケーションボード、白杖、眼鏡等 ・その他　…　シーツ、タオルケット、毛布、枕、枕カバー等 　　　　　　　バイタル計測器、マスク、手袋、 　　　　　　　調理用具、掃除用具、レクリエーションにかかる道具、リハビリに関する用具等		
移行対象職種・業務とはならない業務例	1. 厨房に入って調理業務のみを行う場合 2. 上記の関連業務及び周辺業務のみの場合		

技能実習指導員の役割

　技能実習指導員は技能実習生に対して直接指導する者であるため、技能実習法施行規則には、「実習実施者に勤務し、技能実習生が修得しなければならない技能等について5年以上の経験を有する者」と定められています。介護職種においては、さらに、技能実習指導員は技能実習生5名につき1名以上必要であり、技能実習指導員のうち1名以上は、「介護福祉士の資格を有する者その他介護福祉士と同等以上の専門的知識及び技術を有すると認められる者（看護師等）」とされています。これは、対人サービスの特性として、利用者の安全を確保しながら、適切な技能移転を図るために、介護職種の固有要件として、技能実習指導員に専門的な知識や技術、指導力を求めることとしたものです。

　また、技能実習生の指導にあたることから、介護の専門性だけではなく、技能実習制度の正しい理解も必要です。技能実習生のバックグラウンドを把握し、人材育成に寄与するという国際協力の視点なくしては、適切な技能移転はできません。技能実習指導員は、技能実習生にとってもっとも身近で、また技能実習制度においても要となる存在ということを忘れてはいけません。

　なお、技能実習生は技能実習指導員の指示の下で業務を遂行していることから、初級の介護技能実習評価試験（実技試験）では、「技能実習指導員の指示の下、受検者（技能実習生）が利用者に対して行う介助及び安全衛生業務を試験評価者が評価する」こととなるため、技能実習指導員の立会いが必要となります。

1　技能実習指導員の指示とは

　技能実習生は、原則として技能実習指導員の指導の下で業務に従事することとされています。こうした技能実習指導の体制がとれない場合は、技能実習生を受入れることができません。

　とくに、第1号技能実習時は、技能実習生は日本語能力、介護技術や知識等が不十分なところがあるため、自ら判断し行動することはできないことから、技能実習指導員とともに考え、最終的な判断は技能実習指導員が行います。たとえば、利用者への体調確認では、技能実習生の声かけに対して利用者が反応を示した場合、日頃と変わりはないか、声のトーンや顔色はどうか、技能実習生が確認したことは一度技能実習指導員に報告します。技能実習指導員はその報告を受けて、利用者の体調に問題がないか、介助を続行するか、途中で中断するか等を判断することになります。

　また、第1号技能実習時は、利用者が転倒する等事故を発見した場合も、技能実習生は自ら判断して利用者を起こすのではなく、まずは技能実習指導員や他の職員等に知らせるという対応をとることが重要です。これらは、利用者に安心・安全な介護を提供するだけでなく、技能実習生自身を守ることにもつながります。

　第2号技能実習修了時には、「自ら、介護業務の基盤となる能力や考え方等に基づき、利用者の心身の状況に応じた介護を一定程度実践できるレベル」が求められることから、第1号技能実習時の技能実習指導員の指導は大変重要です。

介護技能実習評価試験

「介護技能実習評価試験」では、我が国の介護保険法第1条において「利用者の尊厳を保持し、その有する能力に応じ自立した日常生活を営むことができるよう支援する」とされている基本理念に基づき、前述の「中間まとめ」の基本的な考え方等を踏まえて、業界の総意をもって試験の方法や内容が構築されています。

2　介護技能実習評価試験の実施方法

　前述のとおり、「介護」は単なる作業ではなく、利用者の自立支援を実現するための思考過程に基づき業務として提供される行為です。個々の利用者の状態像に応じた介護を適切に提供できているか、移転すべき技能が修得できているかどうか、技能実習生は技能実習の成果として「介護技能実習評価試験」を受けることになります。そのため、試験の実施にあたっては、試験評価者が技能実習生の勤務している事業所・施設等（実習実施者）に出向き、利用者に対して日常的に提供している身体介護業務を現認しながら評価することとしています。

　また、技能実習は、技能実習指導員による現場でのOJT（On-the-Job Training）を通じた技能移転となるため、技能実習生が普段の業務通りの環境下で試験が受けられるようにする意味合いもあります。

　実技試験の試験範囲には、排泄介助や入浴介助も含まれています。ただし、これらの利用者のプライバシーにとくに配慮する必要がある介護行為や、感染症予防や事故対応等のように試験時に実際の対応が評価できない試験課題については、図やイラスト、写真等を提示して実際的な判断等を確認する「判断等試験」として実施します。また、個人情報等の利用者のプライバシーに関する情報については、試験実施機関および試験評価者が入手することはなく、試験評価者が試験中に知り得た情報についても厳正な守秘義務が課せられています。

　こうした試験方法は、現在の介護現場の実情を鑑み、試験の実施にあたり当事者となる技能実習生をはじめ、技能実習指導員、試験評価者の業務にできる限り支障を与えないよう配慮されたものでもあります。

3　初級試験時における技能実習指導員の役割

　第1号技能実習修了時に行う初級の実技試験においては、技能実習生（受検者）が技能実習指導員の指示の下で介助を行います。試験評価者は、受検者が技能実習指導員の指示の下で行った介助を現認して評価しますので、技能実習指導員は、必ず技能実習生に試験課題についての指示を出してください。

　試験課題の介助は評価項目に沿って進めていきます。

指示とは認められないもの

- 技能実習指導員が代わりに介助を行って見せること
- 介助の方法をジェスチャーで伝えること
- 技能実習指導員が代わりに、利用者に声かけをするまたは言い直すこと
- 外国語を用いて指示を行うこと

指示の出し方

　各試験課題には「評価項目」と「評価基準」があります。指示は「評価項目」ごとに出します。1つの評価項目に複数の評価基準がある場合、技能実習指導員は技能実習生（受検者）の介助を確認しながら評価基準ごとの指示を出しても差し支えありません。

指示の内容

　指示の内容は、評価項目に沿っていればよく、技能実習生の日本語の修得度合いや日頃の指導の方法によって柔軟に出して構いません。

※詳細は、下記のホームページをご確認ください。

●介護技能実習評価試験

http://www.espa.or.jp/internship/

図表4　「評価項目」と「評価基準」

試験課題：身じたくの介護「座位での上衣の着脱の介助」

＜評価項目＞	＜評価基準＞	指示例（柔軟に出してよい）
1. 利用者への体調確認	・利用者に体調の確認を行い、技能実習指導員に報告している（利用者の特性に合わせたコミュニケーションを取り、反応や表情等も見ている）	・○○さんの体調確認をしてください。確認が終わったら私に報告してください。 ・返事がない場合は、表情を確認してください。 ・体温を測ってください。　等
2. 介助の説明と同意	・これから行う介助について説明をして同意を得て、その結果を技能実習指導員に報告しているか	・○○さんにこれから行う介助の説明をして、同意をもらってください。その結果を私に報告してください。　等
3. 衣服（上衣）の選択	・利用者に衣服を選んでもらっている	・衣服を選んでもらってください。 ・今日は涼しいので、長袖でもよいか確認してください。　等
4. プライバシーの配慮	・スクリーンを使用する、扉やカーテンを閉める等、第三者から見えないようプライバシーに配慮している	・周りの人に見えないように、カーテンを閉めてください。　等

※「評価項目」「評価基準」は、介護技能実習評価試験のホームページを参照

目 次

はじめに

外国人技能実習制度とは

技能実習指導員の役割

本書の概要

Part 1　介護の仕事を支える考え方

Chapter 1　介護で大切なこと …………………………… 2

❶ 尊厳を支える介護 ……………………… 2

❷ 自立のための介護 ……………………… 7

❸ 利用者を支える人たち ………………… 10

Chapter 2　安全確保とリスク管理 ……………… 14

❶ 介護事故 …………………………… 14

❷ 感染症 ……………………………… 17

❸ 健康管理 …………………………… 21

❹ 環境整備 …………………………… 22

Chapter 3　コミュニケーション技術 ………… 27

❶ コミュニケーションとは …………… 27

❷ コミュニケーション技術の基本 …… 30

❸ 利用者・家族とのコミュニケーション … 30

❹ 利用者の状態に応じたコミュニケーション … 33

❺ 職員とのコミュニケーション ……… 36

Chapter 4　こころとからだのしくみ ………… 41

❶ からだのしくみ ………………………… 41

❷ こころのしくみ ………………………… 46

Chapter 5　老化の理解 …………………………… 51

❶ 老化のこころとからだの変化 ……… 51

❷ 病気と症状 …………………………… 53

Chapter 6 認知症の理解 ……………………………… 61

❶ 認知症について ……………………………… 61

❷ 脳の障害で起こる症状（中核症状）……………………… 63

❸ 環境などで起こる症状（行動・心理症状）……………… 67

Chapter 7 障害の理解 ………………………………… 70

❶ 障害とは ……………………………………… 70

❷ 障害のある人への対応 ……………………… 71

Part 2 介護の仕事に必要な知識と技術

Chapter 1 身じたくの介護 ………………………… 80

❶ 身じたくの介護を行う前に ………………… 80

❷ 衣服の着脱の介護 …………………………… 82

❸ 整容の介護 …………………………………… 91

❹ 口腔ケア ……………………………………… 96

Chapter 2 移動の介護 …………………………… 102

❶ 移動の介護を行う前に ……………………… 102

❷ 移動をする環境と福祉用具 ………………… 105

❸ 寝返り、起き上がり、立ち上がりの介護 ………… 107

❹ 車いすの移乗の介護 ………………………… 110

❺ 車いすの移動の介護 ………………………… 115

❻ 歩行の介護 …………………………………… 118

❼ 視覚障害（目が見えない人、目が見えにくい人）の歩行 … 120

❽ 移動・移乗を支援する道具 ………………… 122

Chapter 3 食事の介護 …………………………… 124

❶ 食事の介護を行う前に ……………………… 124

❷ 食事の準備 …………………………………… 127

❸ 食事の介護 …………………………………… 130

Chapter 4 入浴・身体清潔の介護 …………………………… 134

❶ 入浴の介護を行う前に ………………………… 134

❷ 入浴の介護 ……………………………………… 137

❸ 手浴・足浴の介護 ……………………………… 144

❹ 洗髪の介護 ……………………………………… 147

❺ 清拭 ……………………………………………… 148

❻ 褥そうの予防 …………………………………… 150

Chapter 5 排泄の介護 …………………………………………… 153

❶ 排泄の介護を行う前に ………………………… 153

❷ トイレでの排泄の介護 ………………………… 158

❸ ポータブルトイレでの排泄の介護 …………… 161

❹ 尿器や便器を使用した排泄の介護 …………… 164

❺ ベッド上での紙おむつを使用した排泄の介護 … 166

❻ 立位での紙おむつのつけ方 …………………… 169

❼ おむつを使うことによる影響 ………………… 170

参考 働く場所の理解

技能実習生が働く施設 …………………………… 174

利用者の1日の生活 ……………………………… 177

技能実習生を保護するしくみ …………………… 179

監修・執筆者一覧

本書の概要

特徴

■本書は『外国人技能実習生（介護職種）のための介護の知識と技術』（中央法規出版）を底本として、受入れ施設向けに技能実習生の指導に必要な項目などを加えたものです。

■『外国人技能実習生（介護職種）のための介護の知識と技術』のページ内容（モノクロ部分）に、側注として技能実習生の指導のポイント、技能移転に必要な視点、標準化した介護を指導する際に必要な視点などを加えています。また、外国と日本の文化の違いに関する事例、外国人への日本語指導などをコラム形式で加えています。

■本文表記については、『外国人技能実習生（介護職種）のための介護の知識と技術』の表記に合わせているため、「介護」と「介助」については、「介護」に統一しています。ただし、「介助ブレーキ」「一部介助」「全介助」のような一般的名称には「介助」を使用しています。

『外国人技能実習生（介護職種）のための介護の知識と技術』について

■『外国人技能実習生（介護職種）のための介護の知識と技術』は、介護職種の外国人技能実習生が入国後講習後、実習先で日本の介護を学び、実践するための参考書として刊行したものです。日本語学習をサポートするため、全文ふりがなに加え、難しい単語の意味も掲載しています。

■介護の現場でよく使用する専門用語、からだの名称、症状などは実習中に読むことがあるので漢字にしています。

■重要語句は灰色文字としています。（原本では、色文字となっています）

■難しい日本語には♣マークをつけ、Chapterの最後に「言葉の意味」を記載しています。

Part 1

介護の仕事を支える考え方

Chapter 1 介護で大切なこと

Chapter 1 介護で大切なこと

❶ 尊厳を支える介護

1 利用者主体

介護職が介護をする人を「利用者」と言います。みなさんは食事、トイレ、入浴などは自分でできますが、利用者は自分でできないので、介護職の支援が必要です。

利用者から介護を頼まれたとき、介護職は自分の考えや都合ではなくて、利用者のことを一番に考えなければなりません。これを利用者主体と言います。そして、介護職が利用者を介護するときに大切にすることが、人間の尊厳と自立支援です。

尊厳のある暮らしとは

人にはそれぞれの「生活のこだわり*1や歴史」があります。介護が必要になっても、今までの暮らしを続けられることが大切です。

尊厳のある暮らしの支援では、利用者が「今までの生活」をこれからもできるように環境*2を整えます。そして、介護職は生活のしづらさ*3のある部分を介護します。

自立支援とは

介護職が行う自立支援は、「利用者が自分の力でできるようにする」だけではありません。

私たちは、毎日の生活の中で、たくさんのことを自分で決めています。利用者にも、同じように自分で決めてもらうことが大切です。これを自己決定と言います。

服装やご飯を食べる順番など、介護職が決めるのではなく、利用者が自分で決めることが大切です。そして、介護職は利用者の持っている力を活かし*4ながら、利用者の希望に合った介護をします。

利用者主体の理解

介護サービスを選択し、決定するのは介護職ではなく利用者です。技能実習生には、まず利用者の意向を確認するように指導しましょう。

自立支援の理解

技能実習生の出身国によっては、「介護」の概念がない場合があり、利用者のできないことはすべて世話するように思っている技能実習生がいる可能性があります。

介護は、利用者の生活行為のすべてを支援することではありません。介護職が利用者の行為のすべてを介護すると、利用者の身体能力が低下してしまいます。利用者のできる部分は自分で行ってもらい、利用者のできない部分を介護職が支援することが自立支援であることを説明しましょう。

Column

技能実習生を受入れるために

スイスの作家マックス・フリッシュは、外国人就労について次のように述べています。「我々は労働力を呼んだが、やってきたのは人間だった」。技能実習生は見知らぬ地で暮らすことになります。頼りになるのは、私たち実習施設の職員です。友人、家族も誰もいない環境の中で暮らすことになります。スーパーはどこにあるのか、ネット通信などはどこでできるのか、公共交通機関はどこかなどの生活面へのアドバイスをする必要があります。また、技能実習生も同じ人間です。孤独を感じないように、国籍ではなく、同じ「人間」として対等に付き合いをするように、施設の職員にソーシャルインクルージョンについて教育をしていくことも重要です。

利用者の持っている力を活かす

介護職の考えを押しつけ*5ないで、利用者に選んでもらう

2 倫理観

倫理観は専門職として守らなければならない考え方のことです。介護職は知識や技術を、利用者の自立支援と、利用者の尊厳を守るために使います。介護職は利用者のプライバシー*6の保護*7、利用者の秘密*8を守ることをいつも考えて介護します。
とくに、認知症（理解力や判断力が低下する病気）の利用者を介護するとき、介護職は利用者の権利*9を守ることを強く考えることが必要です。

プライバシーの保護

利用者の入浴の介護や排泄の介護をするとき、利用者が恥ずかしい思いをしないように気をつけましょう。

秘密保持*10

介護職は利用者によい介護をするために、利用者の情報を知らなければなりません。しかし、仕事以外で、利用者の個人情報を他の人に話してはいけません。
施設の職員ではない人がいる場所で利用者のことを話してはいけません。

倫理観の理解

介護職は、利用者の家族以上に利用者のプライベートや知られたくないことに接する機会があります。だからこそ、利用者の秘密保持・プライバシー保護にはとくに気をつけなければいけないことを指導しましょう。

利用者の秘密を保持する

介護職は利用者の秘密を守ることを強く意識しなければなりません。利用者の個人情報を話すこと以外にも、利用者の情報を記入した記録を他の人に見られないようにすることや、SNS（ソーシャル・ネットワーキング・サービス）で利用者の写真を利用者の許可なく発信しないことなども具体的に説明しましょう。

介護職のプライバシーの保護

利用者のプライバシーを守ることは大切ですが、介護職として、自分自身のプライバシーを守ることも同じように大切です。介護職は、利用者から連絡先を聞かれる場合がありますが、その際、介護職は自分の住所、電話番号、メールアドレスなどの個人的な情報を利用者に教えないように指導しましょう。同様に、同僚の情報も伝えてはいけません。
自分の個人情報を利用者に教えてしまうと、勤務時間外に連絡がきてしまうことがあります。そのようなことがないように、利用者とは、一定の距離感を保つことが大切です。

QOLの理解

認知症など、判断能力に障害がある利用者であっても、できるだけ利用者のしたいことを確認することが大切です。本人からしたいことが確認できないときは、利用者の家族から利用者の昔の仕事や趣味を確認するなど、利用者のQOLを高めるための具体的な方法について説明しましょう。

虐待防止の理解

虐待に対する理解は必要ですが、本来修得しなければならない内容は、「するべきこと」であり、「してはならないこと」ではありません。虐待について教えるときは、利用者主体、人間の尊厳、自立支援などの介護の基本が身についてからにしましょう。

虐待の種類

虐待は利用者のからだを傷つける行為だけではなく、利用者が傷つく発言をすることも含まれます。自分では虐待をしているつもりはなくても、虐待となることがありますので、利用者への発言にも気をつけるように説明しましょう。

3 QOL

QOLは「Quality of Life」のことです。日本語では、「生活の質」「生命の質」です。QOLは利用者の生活を支援するのに、とても大切な考え方です。

人は毎日の生活の中で、「したいこと」ができると幸せを感じます。利用者も同じように、「買い物がしたい」「花を見たい」「絵を描きたい」など、たくさんの「したいこと」があります。

介護職は介護をするとき、利用者のQOLを考えます。利用者のQOLをよくするために、介護職は利用者に「したいこと」をしてもらい、充実[11]した生活にすることを大切にします。

しかし、認知症などの病気で、自分のしたいことを介護職に言うことができない利用者もいます。そのような場合、介護職は「自分がその人だったらどのようなことをしたいか」を考えて、介護をしましょう。

4 虐待防止

虐待は、利用者を傷つける[12]行為です。利用者への虐待は法律で禁止されています。
虐待は5種類あります。虐待は、殴る、蹴るなどの暴力だけでなく、悪口を言うなど、利用者のこころを傷つける行為のことも言います。
高齢者の世話をしている家族などが虐待しているのを見た場合は、市町村に通報する[13]ことが法律で決められています。施設などで、介護職が虐待をしているのを発見[14]した場合も同じです。

技能実習生を指導する目的

技能実習生を日本に受け入れる目的は技能移転です。介護現場の補助が目的ではありません。介護という行為は、効率的な介護が優先されるのではなく、利用者の立場に立って考えることが重要です。技能実習指導員は介護の根拠が語れないと指導・教育ができません。技能実習生に手順を覚えさせるのではなく、行為の目的を教えてください。何のためにアプローチしているのかという目的を明確にし、それを実行するために手順があることを指導してください。

技能実習生は一定の実習期間の後、評価試験を受けます。最初の評価試験は、技能実習指導員と技能実習生の二人三脚による試験です。技能実習生が介護行為を正しく遂行できるよう、技能実習指導員自身が介護に対する理解を深めることが求められます。

■ 虐待の種類

身体的虐待
つねる、殴る、蹴るなど、利用者のからだに痛みを与える[15]ことです。

介護等放棄（ネグレクト）
食事をさせない、お風呂に入れないなど、利用者の介護をしないことです。

心理的虐待
怒鳴る、悪口を言うなど、利用者が嫌がることを言うことです。

性的虐待
理由もなく裸にする、下着のままにするなど、利用者に性的な苦痛[16]を与えることです。

経済的虐待
年金や貯金を、利用者が同意しないのに使用するなど、利用者のお金を使うことです。

介護職による虐待の状況

調査では、介護職による虐待は、身体的虐待が一番多いです。
虐待の原因は「教育・知識・介護技術等に関する問題」が一番多いです。介護職は虐待をしないために、介護の正しい知識を知っておきましょう。

■ 介護職による虐待の状況

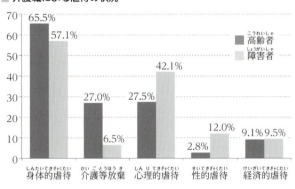

【出典】
平成28年度「高齢者虐待の防止 高齢者の養護者に対する支援等に関する法律」に基づく対応状況等に関する調査結果（厚生労働省）
平成28年度「障害者虐待の防止 障害者の養護者に対する支援等に関する法律」に基づく対応状況等に関する調査結果（厚生労働省）

介護職の言動

技能実習指導員は、技能実習生にとって身近な存在です。技能実習指導員の言動を真似ることもあるかもしれませんので、言葉使いや行動を見直しておきましょう。

施設内の指導体制の確立

技能実習を実施するうえで実習施設では指導体制の整備が求められます。教育担当者である技能実習指導員にすべてを任せきりにせず、技能実習責任者が技能実習を総合的にコーディネートする必要があります。実習に関しても技能実習責任者はアソシエーターとして、教育担当者、技能実習生双方がストレスを溜めたり、行き違いが生じないように、定期的にヒアリング、フィードバック、ときには教育をします。技能実習生を複数受け入れる場合には、習熟度や進捗状況、指導上の悩み事について教育担当者同士が情報を共有したり、ピアカウンセリングができる場の設定も有効です。

身体拘束の禁止の理解

事業所によっては、安全面から居室などに鍵を掛けていたり、一時的に利用者に行動制限をしているところがあるかもしれません。それが通常なことだと技能実習生に思われないように、なぜそうしているのかを説明しましょう。

身体拘束の弊害

利用者の行動は利用者にとって意味があります。その意味を理解しようとせずに、利用者のからだを縛ったり、ベッドを柵で囲んだりして、利用者の行動を制限すると、利用者はさらに落ち着かなくなり、ADL（身体機能）が低下してしまうことを説明しましょう。

---

⑤ 身体拘束の禁止

身体拘束は利用者が自由に自分のからだを動かすことができないようにすることです。身体拘束は、法律で原則[17]禁止されています。

からだを縛るだけでなく、ベッドを柵で囲む、部屋に鍵をかけて外に出られないようにすることも身体拘束になります。

■ 身体拘束となる行為の例

動けないように、からだや手足を紐で縛る
紐で縛る

自分で降りられないように、ベッドを柵で囲む

ミトン型の手袋をつける

車いすベルトをつけて、立ち上がれないようにする
車いすベルト

抗うつ薬などの薬をたくさん飲ませる

部屋に鍵をかけて、出られないようにする

身体拘束の弊害[18]

身体拘束は、利用者の尊厳を傷つけたり、身体能力の低下や認知症の悪化などを起こします。認知症で歩き回る利用者がいたら、身体拘束をするのではなく、しっかり見守りをするなど、介護方法を考えることが大切です。

6

Column

技能実習生の生活を整える

技能実習生たちはさまざまなバックグラウンドを持っていますし、自国での生活経験も異なります。働いた経験がある場合も、学校を出て初めて仕事をする場合もあります。受入れ施設側が何よりも優先すべきことは、彼らの生活が落ち着き安定することです。人生で初めて家族の元を離れ、知り合いもいない異国の地に来る実習生たちです。仕事を始める前にまずは生活が安定し成り立つよう見守ることや、ホームシックにならないように一定期間伴走するなどの配慮は不可欠です。受入れ後半年程度は時々いっしょに出かけてストレス発散の機会をつくったり、地域での暮らしに馴染めるようにエスコートしたり、といった対応が望ましいです。

❷ 自立のための介護

1 介護過程

利用者の自立支援をするために、介護過程♣19を基に介護を行います。介護過程は①アセスメント（情報収集♣20・課題♣21検討♣22）→②計画立案♣23→③実施♣24→④評価♣25の流れで行います。

介護過程の基本的な流れ

①アセスメント（情報収集・課題検討）
● 利用者に関する情報を集めて、利用者の課題を検討します。

指の痛みで、箸で食べることが難しい

②計画立案
● 利用者に介護する内容を考えます。

利用者が、自分で痛みなく食事ができるように、スプーンを使ってもらう

③実施
● 利用者に計画した内容の介護をします。

スプーンを使うことで痛みなく、食事ができる

介護過程の理解

介護職が行う介護は、勘や思いつきではなく、介護過程の一連のプロセスを踏まえたうえで行う、根拠に基づくものでなければなりません。介護職は、利用者の介護をするとき、その介護を行う理由を理解し、説明できなければなりません。

技能実習生が、「介護をする理由を理解しないまま、技能実習指導員に言われたとおりに介護をする」ということがないよう、介護技術だけではなく、介護技術を支える介護過程が必要とされる理由とそのプロセスについても理解できるように説明しましょう。

技能実習生の「なぜ」を大切にする

日本人職員には当たり前に思えることでも、技能実習生は疑問を持つかもしれません。技能実習指導員は、その理由を説明しなければなりません。
疑問の例）この利用者はなぜスプーンを使っているのか？など

指導のペース配分

　新人を育成する場合の留意点として、最初の1か月は緊張しながらも全力で頑張る、しかし2か月目は頑張り過ぎた疲れから体調を崩しやすい、3か月目以降は慣れによってミスをしやすい、といった傾向があります。技能実習指導員は、技能実習生から定期的にヒアリングしながら、状況を的確に把握してください。

　また、技能実習生によっては、聞きなおすのは申し訳ないという気持ちから、わからないことも「わかります」と答えたり、体調が悪かったり、疲労が溜まっていても、自分の評価を下げてしまうことを懸念して、無理をしてしまう場合もあります。個別に面談をしながら、ときにはペースダウンを促すことも必要です。

④評価
● 介護計画の内容が利用者に合っているか、評価します。次の段階に進むために、計画を修正することがあります。

痛みが強い場合は、介護職が介護する
痛くないときはスプーンを使って、自分で食べてもらえるようになった

介護のポイント
・介護計画は、利用者一人ひとり異なり♣26ます。
・介護をするときに、全介助、一部介助、見守りのどれが必要か確認しましょう。
・介護はチームで行うので、介護計画を基に介護をすることが大切です。

2 ICF

ICFは「International Classification of Functioning, Disability and Health」の略です。日本語では「国際生活機能分類」と言います。

■ ICFの構成要素

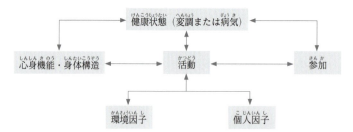

図の言葉はICFの考え方の内容です。構成要素と言います。構成要素は全部双方向の矢印（⟷）でつながっています。これは、一つの構成要素が変われば他の構成要素も変わるという意味です。

ICFの理解

ICFは利用者の生活を個人だけでなく、環境も含めて理解します。同じ身体状況の人でも、環境が異なれば、日々の生活も異なります。利用者の介護を考える際、身体状況だけではなく、環境も含めて利用者の生活全体を把握するICFの考え方は、利用者の介護を行う際や介護過程を展開する際に必要な視点です。介護職としてICFの視点を理解し、実践できるように説明しましょう。

たとえば、エコマップ等で視覚化して利用者の生活や環境を説明するとわかりやすいです。

8

3 ICFの視点[27]

利用者のプラス面[28]を見る視点

これまで、介護の現場では利用者の「マイナス面[29]を見る」ことが多かったですが、ICFでは「プラス面を見る」という考え方をしています。

例えば、両足に麻痺がある利用者がいたとき、「両足が動かない」と思うでしょうか。「両足が動かない」＝「何もできない」ということではありません。「両手が動く」のなら、自分で車いすを使って移動することができます。介護職は利用者の「できないこと」だけを見るのではなく、「できること」を見つけることが大切です。

両足が動かない　　　両手が動く

利用者の環境を整える視点

利用者が車いすで外出しようとしたとき、階段があると、外出することができません。しかし、スロープにすれば、外出することができるようになります。

利用者が活動に参加するには、利用者の環境を整えることが大切です。利用者だけを見るのではなく、利用者の環境も見ることが大切です。

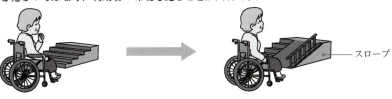

スロープ

> **介護のポイント**
> 介護過程を行うとき、ICFの考え方を理解することが大切です。

**利用者の
プラス面を見る視点**

介護職は利用者の「できないこと」に目を向けてしまいがちですが、「どうすればできるか」という視点で考えることが大切です。たとえば、福祉用具を活用することで、自分で移動、食事、衣服の着脱などができるようになることを説明しましょう。

**利用者の
環境を整える視点**

たとえば、高齢者で車いすを使用している利用者の行動範囲を拡大しようと考えた場合、車いすを必要としない状態まで身体機能を回復させることは難しいですが、環境を改善することで行動範囲を拡大することが可能となる場合があります。

このように、介護を行ううえでは、利用者の身体機能の向上だけを目指すのではなく、利用者を取り巻く環境を改善するアプローチもあることを説明しましょう。

Column

日本と海外の文化の違い

その国の文化によって、政治の話がタブーであったり、あるいは家族について問うことは失礼にあたる場合もあります。また、仕事や恋人より家族の方が大切な国もあります。それぞれの国の文化や風習について理解することが大切です。

また、知らないことを人に聞くことは恥ずかしいことと考える、あるいは、自分のミスや失敗が人に知られることを極端に避けるなど、国民性もさまざまです。一方で、アジア諸国の文化に共通する要素として、家族を大切にする、目上の人を敬う、人のつながりを大切にする、などの態度は大いに学びたいところです。受入れる施設側も他国での暮らしを体験するなど、技能実習生の心情を理解できるよう努め、異文化交流を通じて国際貢献の一翼を担うとの誇りを持って臨みましょう。

❸ 利用者を支える人たち

1 多職種の理解

施設では、介護職以外の専門職が、専門性を活かして、利用者に関わっています。利用者の支援は、専門職が別々に行うのではなく、情報交換をしながら行います。介護職がいっしょに仕事をすることが多い、他の専門職について理解しましょう。

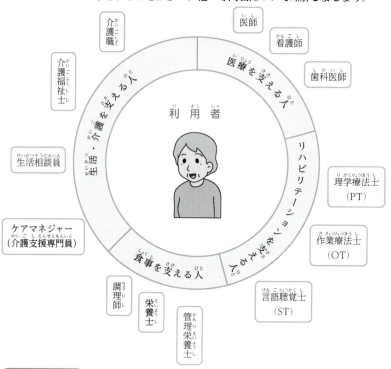

医療を支える人

医療系の専門職には、医師や看護師がいます。
医学的な知識、技術で、医師や看護師がする行為を「医行為」と言います。介護職は原則として医行為をすることはできません。
利用者は、病気の人が多いので、医療職との連携はとても大切です。利用者のからだに異常を発見したときは、すぐに医師、看護師に報告します。

多職種の理解

施設では、さまざまな職種が利用者の生活を支えるために働いています。利用者の解決すべき課題によって、確認する職種が異なりますので、どの職種にどのようなことを確認するのかを理解するように指導しましょう。

また、たくさんの職種が、利用者を支援するという共通の目的を達成するため、情報を共有し、一丸となってチームケアを行っています。チームケアを実施するため、記録や申し送りの場面で、どのように情報を共有しているのかなどについても指導しましょう。

介護福祉士

技能実習生として日本で就労する場合、就労できる期間は限られますが、介護福祉士の資格を取得すれば、永続的に日本で就労することが可能となることを説明しましょう。

職種を覚えるときのコツ

施設にはたくさんの職種、職員の人が働いているので、実習を始めたばかりの技能実習生にとって名前や顔を覚えることは難しい可能性があります。まずは「○○（職種）の△△（名字）さん」と名前と職種をセットで覚えるとよいかもしれません。

また、施設では、職種を省略して呼ぶことがあります。たとえばケアマネジャー（介護支援専門員）は「ケアマネさん」、リハビリテーションの専門職は、「PTさん」「OTさん」「STさん」と呼ぶこともあります。施設の各職種の呼び方についてルールを確認し、技能実習生に伝えましょう。

医師
病気の診断や治療などをします。

看護師
利用者の健康管理や、褥そう（床ずれ）の処置[33]などをします。

わからないときは必ず技能実習指導員や医療職に聞きましょう。

■ 介護職ができること（原則として医行為でないもの）

- 薬を飲むことの介護
- 軟膏を塗ること（褥そうの場合はできない）
- 湿布を貼ること
- 目薬をさすこと
- 座薬を入れること
- 軽い切り傷や擦り傷の処置
- 体温計を使った体温測定
- 自動血圧測定器を使った血圧測定
- 耳あかを取る（耳あかが固まっていない場合）
- つめ切り（つめに異常がない場合）

など

リハビリテーションを支える人

リハビリテーションをする専門職は、理学療法士（PT）、作業療法士（OT）、言語聴覚士（ST）がいます。

理学療法士
歩行など、動作能力の回復[34]を支援します。

作業療法士
日常生活に必要な行為の回復を支援します。

言語聴覚士
話すことや飲み込み（嚥下）に課題がある利用者を支援します。

📖 **覚えておこう！**

リハビリテーション
リハビリテーション（Rehabilitation）は「元の状態に戻す」という意味があります。介護現場では「リハビリ」と言います。一般的に、身体能力をよくする「機能回復訓練」の意味で使われることが多いのですが、リハビリテーションは身体だけでなく、社会生活についても使います。

介護職ができること（原則として医行為でないもの）

医行為は、原則として介護職が行うことはできません。たとえば、つめきりは、つめに異常がなければ介護職が行うことができますが、つめに異常がある場合は介護職が行うことはできません。技能実習生が自己判断で医行為をすることがないように指導しましょう。

また、技能実習生の中には看護学校で学んだ経験のある人もいるため、医行為との違いを説明できるよう、技能実習指導員のほうでも知識をしっかり持ちましょう。

利用者の食事を支える人

利用者の食事はすべて同じではありません。施設では、利用者の飲み込みの力や病気によるカロリー制限などを考えて、一人ひとりに合わせた食事を提供しています。食事について確認が必要なときは、調理師、管理栄養士に確認するように説明しましょう。

利用者の食事を支える人
- 調理師は利用者に食事をつくります。
- 管理栄養士は、食生活すべての管理をします。

調理師　　　　　　　　管理栄養士

利用者の生活を支える人
- 生活相談員は、施設の入所の手続きや家族との連絡、調整[35]をします。
- ケアマネジャー（介護支援専門員）は、介護サービスの計画（ケアプラン）をつくります。
- 介護職は、利用者の介護だけではなく、レクリエーションをすることがあります。

生活相談員　　　　　　ケアマネジャー（介護支援専門員）

覚えておこう！
レクリエーション
利用者が歌を歌ったり、習字などをする趣味活動の時間をレクリエーション（recreation）と言います。介護現場では、「レク」と言います。

Column

日本の歌を覚える

レクリエーションでは、利用者が子どものころに歌った思い出の歌をみんなで歌うことが多いです。利用者と一緒に歌うことは、コミュニケーションをとるきっかけになりますし、歌詞を覚えることは日本語の学習にもなります。YouTubeなど、インターネットで日本の昔の歌（「故郷」など）を聴いてみるように伝えましょう。

言葉の意味

♣ 1 こだわり…とても気になっていること、とても気にしていること
♣ 2 環境…まわりのようす
♣ 3 しづらさ…しにくさ（しづらい＝しにくさ）
♣ 4 活かす…じょうずに使うこと
♣ 5 押しつける…相手の意思を考えないで、させること
♣ 6 プライバシー…自分の情報や知られたくない情報を守る権利
♣ 7 保護…守ること
♣ 8 秘密…他の人に知られたくないこと
♣ 9 権利…人がだれでも持っているもの。自分の意思や考えでなんでも決めることができる
♣ 10 保持…ずっと同じ状態にしておくこと
♣ 11 充実…豊かなこと
♣ 12 傷つける…けがをさせる。こころについても使う
♣ 13 通報する…情報を知らせること
♣ 14 発見…見つけること
♣ 15 与える…あげること
♣ 16 苦痛…からだやこころが痛くて苦しいこと
♣ 17 原則…基本的な規則
♣ 18 弊害…他のものを悪い状態にすること
♣ 19 過程…結果までの順序
♣ 20 情報収集…情報を集める
♣ 21 課題…うまくいくようにしなければならない問題
♣ 22 検討…いろいろ調べて、よいかどうか考えること
♣ 23 計画立案…計画をつくる
♣ 24 実施…する
♣ 25 評価…どのくらい役に立つか、よいかどうか決めること
♣ 26 異なる…違うこと
♣ 27 視点…考え方
♣ 28 プラス面…よいところ
♣ 29 マイナス面…悪いところ
♣ 30 多職種…いろいろな種類の仕事
♣ 31 連携…他の人と協力すること
♣ 32 異常…普通ではないこと
♣ 33 処置…傷や病気の状態に合わせて治療すること
♣ 34 回復…元の状態に戻ること
♣ 35 調整…うまくいくようにすること

やさしい日本語とは？

外国人を指導していて、自分の日本語が理解されてないと思ったことがありませんか？「外国人を指導する際には、やさしい日本語で指導する」という助言を聞くことがありますが、「やさしい日本語」とはどんな日本語でしょうか。それは「知っている日本語」です。「そんな当たり前のことを」と思われるかもしれませんが、技能実習生がどんな日本語を知っているか把握していますか。仕事で毎日使う言葉はよくわかります。褥そう、排泄、体位変換など一般の生活ではあまり使わない言葉ですが、外国人であっても介護現場で働く人には、毎日聞いていれば、よくわかる「やさしい言葉」になります。外国人にとってその人の身近な日本語は「やさしい日本語」です。当然「やさしい日本語」はその人の生活や仕事によって違います。

Chapter 2 安全確保とリスク管理

利用者の変化を観察する

利用者のからだは日によって変わります。その変化に気がつけるよう、具体的に、どのようなことを観察するか説明しましょう。たとえば、利用者の表情・訴え・行動の変化など、いつもの状態とくらべて観察していきます。

転倒や転落の防止

いつもの行為でも必ず声をかけ、利用者の状態を確認し、できる行為でも見守るように説明しましょう。また、周囲環境の整備の重要性や注意すべき内容を事前に確認することも伝えましょう。
見守りの例）移乗バーをつかんでいるか、姿勢にふらつきはないか、利用者の移動ルートに障壁となるものはないかなど

Chapter 2 安全確保とリスク管理

❶ 介護事故

1 介護事故の種類

高齢者のからだはいろいろ変化しているので、事故が起きやすいです。介護の現場では「転倒・転落」「やけど」「誤嚥」などの事故が多く起こります。介護事故が起きたときの対応や、事故の予防について学びます。

転倒・転落

転倒

転落

高齢者は筋力が低下しているので、転倒や転落による事故が多いです。転倒・転落は「トイレ」「風呂」などの場所や「車いす」「移乗」などの介護場面で起きやすいです。

車いすからの転落

移乗の際の転倒・転落

Column

技能実習生が事故を起こしてしまったときの対応

事故が起きてしまった直後は、技能実習生も気が動転していることが想定されます。技能実習指導員は、利用者の安全を第一に対応するとともに、技能実習生への対応も行わなければなりません。まずは技能実習生の気持ちも考えながら、感情的にならずに、事故原因とその対応について客観的な事実確認を行い、的確に指示を出すようにします。日本語のフォローが必要であれば、日本語指導者の協力も得ましょう。

やけど

　やけどは、火や熱い湯などによって起こる事故です。
　カイロなどの低い温度でも低温やけどをすることがあります。低温やけどは、皮膚を見ただけではわからないこともあります。医師や看護師に症状をみてもらうことが大切です。

■ 低温やけどの原因になるもの

温熱便座　　　　　湯たんぽ　　　　　カイロ

誤嚥

　誤嚥は食べ物や飲み物が気管に入ることで起こる事故です。誤嚥をしないように、介護職は食形態*5や食事の姿勢に注意して、介護を行うことが大切です。（Part2 Chapter3「食事の介護」で詳しく説明）

低温やけどの原因になるもの

　技能実習生の出身国にない用具は、実際に使用してもらい危険性を理解できるように指導しましょう。
例）湯たんぽの準備・使用方法、カイロの使用方法（直接肌に触れないようにする）など

誤嚥

　利用者の状態や食事介護の方法によって、誤嚥が起きてしまうことを説明しましょう。
誤嚥が起きやすい例）飲み込みが悪い利用者、咳をする利用者、口の中に食べ物がいつまでも残る利用者、早いペースの食事介護など

事故が起きた場合

利用者が転んでいる、倒れている、苦しそうな表情をしている、顔色が変わった場合は、すぐに技能実習指導員や職員を呼ぶように指導しましょう。

2 介護事故の対応・報告

事故が起きたときは、すぐに職員♣6や事業所の責任者に報告することが大切です。事業所には事故報告のルールがあります。介護職はルールの通りに行動します。

また、利用者の状態の確認が必要です。全身の状態や出血があるか、痛みがあるかなどを確認します。転倒で痛みがある場合は、からだを動かさないようにします。

誤嚥した場合

口腔内から食べ物を取り除く♣7ために、左右の肩甲骨の間を強く叩きます

転倒した場合

無理に♣8動かさないで、痛みの部位や腫れ、出血がないか確認します

事故予防

事故を予防するために、介護行為の基本を確実に実施し、確認することを伝えます。自己判断で介護行為を変化させないように具体的に説明しましょう。
確認の例）車いすの準備確認、食事介護の姿勢確認、湯温の確認など

3 事故予防

事故を予防するためには、利用者のからだや環境を観察♣9し、いつもと違うようすに気づくことが大切です。高齢者の生活の場には、利用者も気づかないいろいろな危険があります。介護職が「何かおかしい」と気づくことで事故を防ぐ♣10ことができます。いつもと違うと感じたら報告・連絡をしましょう。

■ **事故を予防するための観察ポイント**
- 利用者の動作や表情に変化はないか
- うまく話せるか、声に元気はあるか
- 居室やトイレは片づいているか
- まわりからいつもしない音がないか
- 尿臭♣11や腐敗臭♣12はしていないか

事故を予防するための観察ポイント

事故が起きやすい介護を、場面ごとにまとめて指導しましょう。わかりやすいようにイラストなどの活用が考えられます。

ここに注意

ヒヤリ・ハット

日本では、「ヒヤリ・ハット」があったときに、報告をすることが重要とされています。しかし、技能実習生にそのことを伝えていないと、自分の行為を非難されると思い、隠してしまうことがあります。指導の際には、報告によって非難されないことや人格を否定するものではないことを、具体的に確実に伝えることが重要です。そのためには職場の状況確認も重要です。

❷ 感染症

感染症は、病原体*13がからだの中へ入って、いろいろな症状を起こす病気です。病原体の種類によって症状*14は違います。また、感染症になると、人にうつして感染を広げてしまうことがあります。

1 感染症の種類

感染の原因になる感染源は、図のように、体液・血液・排泄物（おう吐物、尿、便）があります。感染源に病原体がいると感染症が広がります。

感染源の種類

体液（だ液、鼻水）　　血液　　排泄物（おう吐物、尿、便）

感染経路と原因

空気感染（結核など）
飛沫感染（インフルエンザウイルスなど）
接触感染（ノロウイルスなど）

感染している人　感染していない人

感染源

感染源となるものを扱う場面を具体的に示します。知識が予防につながること、予防のための事業所のルールを説明しましょう。
感染源を扱う例）排泄介護時、おう吐物の処理時、整容介護時など

感染経路

感染経路を具体的に示し、介護職が感染源や感染経路になることも説明しましょう。また、自分の体調が悪いときには技能実習指導員や職員に報告することが重要だと伝えましょう。
報告の例）体調が悪いのに出勤した、下痢や咳がある

感染症

感染症の症状を見逃すと集団感染につながり、対応が難しくなることを伝えましょう。感染症の症状を確認したら、すぐに技能実習指導員や職員に報告するように指導しましょう。

標準予防策（スタンダード・プリコーション）

スタンダード・プリコーションは「すべての患者の血液、体液、分泌物、おう吐物、排泄物、創傷皮膚、粘膜等は、感染する危険性があるものとして取り扱わなければならない」という考え方です。感染対策の基本的な考え方であり、技能移転という観点からも重要です。この考え方による衛生管理を技能実習生に説明しましょう。そのために、技能実習指導員は事業所の衛生管理方法について再点検しておくことが必要になります。

感染防止対策

マスク、使い捨て手袋の使用方法を実際に訓練しましょう。具体的には、マスクは鼻とあごまでを覆うこと、手袋のはずし方や廃棄場所、使い捨てることなどを説明します。

おもな感染症の症状

ノロウイルスによる症状　　インフルエンザウイルスによる症状

結核による症状

2 感染症の予防

感染症の予防のために手洗いとうがいをします。介護をするときには手袋やマスクをすることがあります。とくに感染源があるものを触るときは、必ず手袋をします。
また、介護職は感染症をうつさないように注意します。

介護職の感染症対策

しっかり手を洗う　　マスクを使う　　使い捨て手袋を使う

Column

感染症の理解

衛生に関しての価値観や習慣は国によって異なります。日本では「つめを切る」「手を洗う」「マスクは使い捨てる」などは習慣となっていますが、こうした習慣がない国もあります。日本の衛生管理について、早い段階から、正確な知識と方法を具体的に伝え、習慣とする指導を行うことが必要です。

うがい

うがいは、のどや口の中をきれいにするために、水を口に入れて洗うことです。病原体が入らないように、うがい薬を使う場合があります。

■ うがいの手順

- うがいする前には、手洗いをしましょう
- 上を向き、「ガラガラ」と音を出してから、吐き出します

手洗い

外から入ってきたときは必ず手洗いを行います。感染症を予防する方法として手洗いは大切です。正しい手洗いの順序を覚えましょう。手の汚れやすい部分に注意します。とくにつめは汚れが残りやすいので、短く切っておきましょう。

■ 手の洗い方

①指輪、時計をはずす　②手を濡らす。流水で洗う　ためた水で洗わない

③石けんを手に取る　④手のひらを合わせてこする　⑤手の甲を洗う

⑥指の先、つめの間を洗う　⑦指の間を洗う　⑧ねじり洗いをする

手の洗い方

手のどこに汚れが残りやすいかをイラストなどで示しながら説明しましょう。確実に理解したかを確認するために、手洗い教育ツールなどを使用するのもよいです。

⑨手首を洗う　　⑩水で流し、ペーパータオルなどで拭く

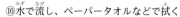

■ 手のよごれやすい部分

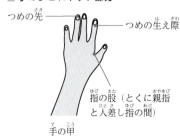
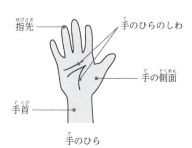

おう吐物の処理

おう吐物はまわりに飛んでいます。清掃するときは、マスクや手袋に加えて、ゴーグル、エプロン、帽子などもつけましょう。

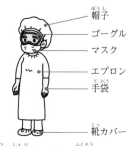

おう吐物を処理するときの服装

感染症予防のための環境管理

湿度の管理

汚れた空気を出して、きれいな空気を入れる

消毒
（ドアノブ、スイッチ、手すりなど）

おう吐物の処理

　使用する物品の取り扱い方法を実演して、技能実習生の理解が深まるように指導しましょう。
指導の例）服装の正しい着脱の方法、後始末の方法・場所

換気（空気の出し入れ）

　どのようなときに換気が必要なのか、場面を想定して説明しましょう。
例）ノロウイルスの場合（空気の流れに注意）、インフルエンザの場合（定期的に空気の入れ替えが必要）など

消毒

　使用する物品の取り扱い方法（使い方、保管の方法）、疑われる感染症によって薬剤が異なることを説明しましょう。
例）ノロウイルス：次亜塩素酸ナトリウム、インフルエンザ：アルコールなど

❸ 健康管理[17]

健康の管理は働く人にとって大切なことです。利用者によい介護をするために、介護職は健康な状態でなければなりません。健康には、こころの健康とからだの健康があります。

1 からだの健康管理

介護を安全に行うためには、介護職のからだが健康でなければなりません。からだが疲れているときは、食事と睡眠と休養[18]をとるようにしましょう。

からだが疲れているときの対応

①眠い
寝室の環境をよくして、よく眠れるようにしましょう。

②頭痛や肩こり
ストレッチをしましょう。

③風邪
感染予防をします。栄養が多い食事をしましょう。

④腰痛
ボディメカニクスを使いましょう。

腰痛の予防

介護職は利用者の移動の介護をするので、腰痛になりやすいです。腰痛を予防するためにボディメカニクスを覚えましょう。ボディメカニクスは、人間のからだの使い方や動かし方のことです。(Part2 Chapter2「移動の介護」で詳しく説明)

2 こころの健康管理

こころの健康は、「元気に自分らしく生きるため」に必要です。
介護の仕事は、ストレスを感じやすい仕事です。ストレスとは、こころやからだに負担[19]が大きい状態です。
介護の仕事では、利用者、家族、職員など人との関係が多くて、ストレスの原因にもなります。

食事

食事をとることの重要性を説明しましょう。技能実習生が、母国の食材を購入できる場所、宗教上の食習慣など、日々の食事について困っていることがないか確認しましょう。

腰痛の予防

始業前の腰痛予防体操の実施や早期の受診勧奨など、具体的な予防方法を説明しましょう。腰痛を感じたら相談するように指導しましょう。

技能実習生の健康

日本語での説明が難しい、金銭的な問題などの理由から、技能実習生が病院に行かないこともあります。技能実習指導員は、病院につきそう、施設の医師への受診を勧めるなど、技能実習生をフォローすることが大切です。

技能実習生の健康管理

来日後の慣れない環境で体調を崩す技能実習生もいます。また、施設内で感染症に罹患する場合もあります。こうした場合を想定し、いざというときのために、かかりつけ医をあらかじめ選定することや、生活全般の悩み事や体調不良時に即座に対応できる体制の整備も求められます。また、女性は特有の悩みもありますので、女性の技能実習生に対しては女性の生活相談員を配置するほうがよいでしょう。また、技能実習の体調面の変化やそれに伴うサポートについては、監理団体と情報を共有することも大切です。

ストレス

ストレスを感じたら相談することが重要だと説明し、相談窓口を確認しておきましょう。技能実習指導員は、技能実習生がストレスを感じていないか日々の声かけをしましょう。
ストレス反応の例）痩せてきた、遅刻・欠勤がみられるなど

物品管理

物品の管理に関する日本の価値観、施設のルールを確認しておきましょう。
例）捨てるもの・捨てないものの確認と利用者の同意、利用者からものをもらってはいけないなど

食品の管理

開封していなくても、長時間置いたままの食品には気をつけるように指導しましょう。食べかけの菓子などはとくに注意が必要です。

ストレスへの対応

こころの健康のために、ストレスがあるときは、他の人に相談します。好きなことをしたり、休むこともよいでしょう。

悩みを相談する

好きなことをする

利用者の死

介護職がストレスを感じる場面に「利用者の死」があります。恐怖[20]を感じる、悲しくなる、落ちこむ[21]ことは誰にでも起こる気持ちです。まわりの職員と気持ちを共有[22]することは、気持ちの整理[23]になります。

4 環境整備

1 物品管理

物品管理の基本は、利用者の生活の仕方を大切にすることです。介護職の判断[24]で必要ではないと感じるものを捨てたり、整理したりしてはいけません。
利用者の生活の場にあるものは、利用者の同意がなければ捨てることはできません。必ず、利用者に必要なもの、必要ではないものの確認をします。

22

ストレスを隠す

母国を離れてすぐの技能実習生には、日本の生活に馴染むための時間が必要です。価値観の異なる生活には、ストレスが多く存在しています。技能実習生の出身国によっては、「ストレスを感じる人＝弱い人」という価値観から、ストレスを隠すこともあります。技能実習指導員は「ストレスはあって当然、恥ずかしいことではない」と技能実習生が安心できるように伝え、関わっていくことが重要です。

2 掃除

掃除は、気持ちよく生活をするために、ごみやほこり汚れなどを掃いたり拭いたりして住まいの内外を清潔にすることです。掃除した清潔な住まいは、気持ちがよくて健康で安全な生活の場となります。

介護職は利用者の生活の仕方を大切にして、掃除を行います。介護職の考えだけではなく、利用者に聞きながら利用者といっしょに行うことが大切です。

掃除の意義
- 清潔を保つ*25ことは、ほこりやカビで起こる病気からからだを守ります。
- 清潔になることで、清々しい*26気分になりこころが安定します。

介護のポイント
- 掃除用具のある場所を確認しましょう。
- 掃除のときに移動したものは、掃除が終わったら元の位置に戻します。

3 ベッドメイキング

介護職は利用者の睡眠環境を整えるためにベッドメイキングをします。

ベッドメイキングは、利用者の気持ちよい睡眠のために大切です。季節に合わせて寝具を整えたり、シーツ、枕カバー、タオルケットなどは洗濯して清潔にします。

掃除

掃除に関する施設のルールを確認し、その方法を具体的に指導しましょう。
例）掃除の仕方（上から下に向かって掃くなど）、ゴミの捨て方、掃除用品の管理など

ベッドメイキング

汗で濡れたり、失禁して汚れたりした場合は、適宜寝具交換することを基本として、汚れが目立たなくても交換する日が決まっていることを説明しておきましょう。

シーツ交換の方法

シーツ交換の基本と事業所のルールについて説明し、実演して指導しましょう。なお、事業所によっては介護職がルーチンワークとしてシーツ交換を行っていないこともあると思いますが、環境整備を理解するという観点から、技能実習生への指導が必要です。

例）シーツ交換の準備や後始末、2人でシーツ交換する方法、利用者が臥床時のシーツ交換方法、エアマット使用時のシーツ交換方法、コーナーのつくり方、シーツの種類の違いなど

シーツの交換

洗濯した清潔なシーツはシワがない状態にすることが大切です。

①使用する寝具を順番に用意します。

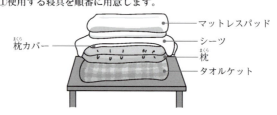

②ベッドの中心に合わせてマットレスパッドを広げます。

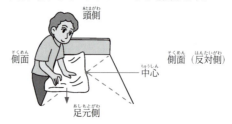

③ベッドの中心に合わせてシーツを広げます。

④頭側のシーツを、マットレスの下に入れます。

⑤頭側にコーナーをつくります。足元側も同じようにコーナーをつくります。
⑥側面のシーツもマットレスの下に入れます。ベッドの反対側のシーツも同じようにします。
⑦枕を置いて、タオルケットを頭側から足元に広げます。

■ コーナーのつくり方

コーナーの余ったシーツで三角形をつくる

マットレスをおさえながらシーツをひっぱる

シーツをおろす

シーツをマットレスの下に入れる

> **介護のポイント**
> 居室の床は、ほこりなどで汚れているかもしれません。床に膝をつくと介護職自身が感染源になってしまう危険があります。

コーナーのつくり方

シーツでコーナーをつくるときは、頭側のコーナーを三角形、足側のコーナーを四角形にすることを原則としていることを説明しましょう。

頭側を三角にする理由は、四角よりも力が分散され型崩れしにくいためです。

足側を四角形にする理由は毛布とシーツで上掛けをつくるときに足元に緩みを与え、見た目がきれいになり、寝やすくなるためです。

Column

根拠から伝える

ベッドメイキングの基本を学んできた技能実習生は、事業所で実際に行われている行為が基本と異なるように感じることがあります。技能実習生は日本の技術を母国に持ち帰ることを原則としているので、技能実習指導員には、なぜこの方法で行っているのか、根拠から伝えることが求められます。技能実習指導員は、広く深い知識と技術が求められていることを意識しましょう。

言葉の意味

♣1 リスク…危ないこと
♣2 管理…よい状態でいるように気をつけること
♣3 変化…変わること
♣4 予防…起こらないようにすること
♣5 食形態…食べ物の形
♣6 職員…いっしょに働く人
♣7 取り除く…取って、なくなるようにする
♣8 無理に～する…悪い結果になると思うことをする
♣9 観察…よく見ること
♣10 防ぐ…ならないようにする
♣11 尿臭…尿のにおい
♣12 腐敗臭…食べ物のくさったにおい
♣13 病原体…病気の原因になるもの
♣14 症状…病気やけがの状態
♣15 悪寒…熱があって寒けがすること
♣16 使い捨て…一回使ったら捨てること
♣17 健康管理…健康な状態でいられるようにすること
♣18 休養…休むこと
♣19 負担…できることを超えた重すぎる仕事や責任
♣20 恐怖…恐いと思う気持ち
♣21 落ちこむ…元気がなくなって何もする気になれない状態
♣22 共有…いっしょに持つこと
♣23 気持ちの整理…いろいろな気持ちが混ざっている状態を整理すること
♣24 判断…よいか悪いか決めること
♣25 保つ…同じ状態にしておくこと
♣26 清々しい…とても気持ちがよい

Column

どんな日本語を知っている？

　実習先に配属された技能実習生は、どの程度の日本語を知っているかわかりますか？　技能実習生には、来日要件として初級以上の日本語レベルが課され、来日後も介護現場で使う日本語について学習することになっています。技能実習生を指導する前に、彼らが日本語を学習したテキストを見せてもらいましょう。テキストにある言葉であれば、技能実習生はおおよそ理解できるはずです。ただ、テキストにある言葉だけでは、私たちが日常使う言葉の数には遠く及びません。少ない言葉で指導していくには工夫が必要です。

Chapter 3 コミュニケーション技術

Chapter 3 コミュニケーション技術

❶ コミュニケーションとは

コミュニケーションは、人と人が理解し合うために大切なことです。介護職はコミュニケーションで利用者のしたいことやできることを理解します。

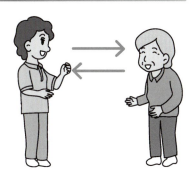

1 言葉によるコミュニケーション

「話す」、「筆談（P.34参照）」、「手話（P.34参照）」などは言葉でのコミュニケーションです。「言語的コミュニケーション」と言います。言語的コミュニケーションで大切なことが2つあります。

コミュニケーションで大切なこと
言葉が相手に明確*1で具体的にわかりやすく伝わることが大切です。

わかりやすい言葉の例

【○ よい例】
Aさんは昼食で、おかずを半分、ご飯を半分食べました

【× 悪い例】
Aさんは、ご飯をほとんど食べられませんでした

コミュニケーションとは
　介護はコミュニケーションをとりながら行います。利用者によい介護を提供するためには、信頼関係に基づいたコミュニケーションをとらなければならないことを理解してもらいましょう。利用者主体の介護を提供するためには、利用者の意向確認が大切になります。また、体調の確認など利用者の状態を把握するためにも、コミュニケーションが必要になることを説明しましょう。

コミュニケーションの種類
　コミュニケーションには、言葉によるコミュニケーションと、言葉ではないコミュニケーション（非言語コミュニケーション）があります。コミュニケーションで相手に伝わる割合は、非言語コミュニケーションのほうが高いことを説明しましょう。
例）「楽しい」という言葉を、笑顔で高いトーンで話した場合と、暗い顔で低いトーンで話した場合、どのように伝わるか質問してみましょう。

コミュニケーション能力
　コミュニケーション能力は話すことで上達します。EPAで、就労後に日本語が下手になったという候補者が何人もいます。事情を聞いてみると、1日の仕事の中で日本語をほとんど話さないというのです。候補者は就労後半年もすると一人立ちして、仕事をこなします。夜勤をする人もいます。とくにユニット型特養の場合は1人で仕事をすることが多く、その間ほとんど日本語で話すことはないそうです。担当する利用者の状態にもよりますが、利用者との会話は毎日同じで、報告も簡単に介護日誌を書くだけとか。仕事ができているとはいえ、技能実習生のコミュニケーション能力の向上を図りたいのであれば、話す機会をできるだけ多くつくることが必要です。日々の報告を記入で済ませるだけでなく、口頭で報告してもらうこともよいでしょう。

確認

「確認」の内容は状況によって異なります。技能実習指導員が技能実習生に指示をする際は、確認という表現はなるべく避け、「調べてください」「同意をもらってください」など、具体的に伝えましょう。技能実習生が職員などから「確認してください」と言われたときは、「確認は、調べるということでいいですか」など、その指示の内容を質問するように指導しましょう。

確認

介護の現場では「確認する」をよく使います。確認は利用者の安全のために大切です。「確認する」にはいろいろな意味があります。確認する内容がわからないときは、職員に聞きましょう。

■ 確認の種類
① 確かめる
② 利用者の同意[※2]をもらう
③ 消灯時間やお風呂の温度など、決められていることを調べる
④ 介護を行う前に、利用者の状態を見たり、聞いたり、触ったりして調べる

2 言葉ではないコミュニケーション

言葉ではないコミュニケーションには、「身振り[※3]」「姿勢」「表情」「ボディタッチ[※4]」「距離[※5]」などがあります。
相手の気持ちを「目で見る」「耳で聞く」「からだで感じる」ことができます。

身振り

ジェスチャーなどからだを使ったコミュニケーションです。

OKサイン

姿勢

自分では意識していなくても、無意識に相手に悪い印象を与える姿勢をしていることがあります。技能実習生の姿勢について、技能実習指導員や職員に指摘してもらうことはとても大切です。姿勢を意識するように指導しましょう。

からだを前に出して話を聞くと、よい印象[※6]になります。腕組みをしてコミュニケーションをすると、利用者は嫌な気持ちになります。あくびはおもしろくないと思っているように見えます。

○ からだを前に出す　話を聞く姿勢

× 腕組み

× あくび

Column

ジェスチャーや記号の意味

日本では首を縦にふれば「はい」、横にふれば「いいえ」の意味を持ちますが、国が異なれば逆の意味になることもあります。また、日本では、○は肯定的な意味を、×は否定的な意味を持ちますが、国によっては、異なる意味になることもあります。このように、自国で当たり前に通じるジェスチャーや記号が、違う国では異なった意味に伝わることもありますので、ジェスチャーや記号の意味を確認するようにしましょう。

表情[7]

表情は気持ちを伝える大切なコミュニケーションです。コミュニケーションの内容にあった表情をすることが大切です。

笑顔

表情がない

距離

コミュニケーションのときは、相手との距離感[8]が大切です。初めて会った人には近づきすぎないで声かけすることが大切です。

ちょうどよい距離

近すぎる距離

ボディタッチ

ボディタッチが多いと、相手に不快感[9]を与えることがあります。相手が嫌がっていないか確認しましょう。

相手との距離

相手との距離（パーソナルスペース）は、性別、年齢、関係性によって異なります。近ければ近いほどよいわけではありませんので、相手の表情などを確認しながら、適度な距離を保つように指導しましょう。

❷ コミュニケーション技術の基本

1 傾聴

傾聴とは、相手が伝えようとしていることを、しっかり聞くことです。

利用者の話を聞くときは、利用者に自分がしっかり聞いている態度を見せます。話を聞いていることがわかると、利用者は安心します。

2 共感

共感は、利用者になったつもりで、思いや感情を理解することです。伝わった利用者の思いを、自分の言葉と表情で利用者に伝えます。

3 受容

受容は、相手のそのままを受け入れることです。利用者は受け入れてもらえているとわかると、コミュニケーションがよくなります。相手がどんな状態でも、そのままを受け入れる姿勢が大切です。

❸ 利用者・家族とのコミュニケーション

1 利用者とのコミュニケーションの基本

相手が話したくなる態度や姿勢でコミュニケーションをすると、利用者も楽しく会話ができます。

まず、自分の名前を言います。そして、相手の名前を呼びます。

利用者の名前を呼ぶ

今日はとっても気分がいいよ。いつもありがとうね

グエンです。山田さん。今日の体調はいかがですか

傾聴の理解

「きく」には「聞く(hear)」と「聴く(listen)」があります。利用者の話を聴くときは、別の作業をしながら「聞く」のではなく、しっかりと利用者の話に集中して「聴く」ことが大切であることを説明しましょう。

利用者・家族とのコミュニケーション

利用者や家族とコミュニケーションをするうえで名前を呼ぶことは不可欠ですが、ショートステイやデイケアの場合は利用者の入れ替わりが多いので、多くの技能実習生は名前を覚えるのに苦労するはずです。技能実習指導員は技能実習生の状況を把握し、フォローしてあげましょう。

利用者の正面から話す

正面から話す

後ろから話す

介護職の目と利用者の目を同じ高さにする

※利用者の同意を得て、いすに座って話をしてもよいです。

2 利用者を介護するときのコミュニケーション

介護をするときは、説明をして、利用者に同意を得ることが大切です。利用者が選べるような声かけをしましょう。

利用者に声をかける

目線の高さを合わせる

利用者は介護職に上から見下ろされると、嫌な気分になってしまいます。たとえば、ベッドに寝ている利用者に話しかけるとき、立った状態で話しかけるのではなく、利用者の目線の高さに合わせて話しかけるように指導しましょう。

!ここに注意

目線

　コミュニケーションをとるとき、目線を合わせることは大切ですが、日本人は目線を合わせることが苦手であると言われます。じっと見つめると、利用者は緊張してしまうので、適度に目線を合わせるようにしましょう。このように、言葉以外のコミュニケーションは文化的な違いも意識する必要があります。

利用者の状態を確認する

介護職が利用者に「体調はいかがですか」と質問をして、利用者が「大丈夫です」と言っても、本当は具合が悪いのに心配をかけたくないので、大丈夫と言っていることも考えられます。利用者の発言だけでなく、表情も見て、利用者にいつもと違う様子がないか観察するように指導しましょう。

実習1・2年目の技能実習生の場合には、技能実習生の報告を受けて、技能実習指導員が判断します。

利用者に介護の説明をする

利用者に介護の説明をするときは、介護行為だけの説明にならないようにするために、「なぜその介護が必要か」技能実習生が理解できるように指導しましょう。

悪い例）車いすを押してよいですか？
よい例）食事の時間なので食堂まで車いすを押してよいですか？

3 家族とのコミュニケーションの基本

介護職は利用者の家族に、いつもの利用者のようすを伝えることが大切です。

Column

技能実習生の指導の仕方

　外国人からみると、日本人は集団志向を重んじ、暗黙の了解や"察する文化"があることなど、私たち自身が私たちの特性を自覚することが必要です。文化の違いを理解して、あいまいな表現を避け理由と目的を伝えることが大切です。「わからなかったら聞いてください」「できるだけ報告してください」という表現は適切ではありません。何が求められているのか、具体的な内容を伝えてください。ルールの周知、理由の明確化などを基本に、コミュニケーションは受け手が決める（すなわち理解できないのは伝え方に問題がある）ということを念頭に置き指導してください。ルールを図表などで可視化することも有効です。また、結果やプロセスを評価したり、期待を伝えるといったコミュニケーションは、積極的に行いましょう。

❹ 利用者の状態に応じたコミュニケーション

障害の状態を理解して、生活の不便さを考えてコミュニケーションするようにしましょう。

1 目が見えない人

目が見えない人は、場所や相手の表情が見えません。言葉で細かく説明したり、触ってもらったりしてコミュニケーションをすることが大切です。

前に扉があります

目が見えない人とのコミュニケーション例

【○ よい例】
高橋さん、セーターとシャツを用意しました。どちらにしましょうか

【× 悪い例】
高橋さん、服はどちらにしましょうか

介護のポイント
目の見えない人に話すときは、先にからだを触らないようにしましょう

利用者の状態に応じたコミュニケーション

目が見えない人、耳が聞こえない人に対する介護は、さまざまな配慮が必要となります。段階的に技能を修得する技能実習の趣旨を踏まえ、目が見えない人、耳が聞こえない人に対する介護は、技能実習生の技能の修得状況に応じて、少しずつ学んでいくようにしましょう。また、技能実習生が介護をすることが難しい場合は、技能実習指導員が適宜フォローすることが大切です。

目が見えない人とのコミュニケーション

目が見えない人の立場になって声かけをすることが大切です。たとえば「あっち」「こっち」という声かけではどちらなのかわかりにくいため、「壁側」や「私のほう」など、具体的に声かけをするように指導しましょう。

日本の"察する文化"

外国人からすると日本は規律が厳しく、また個人より社会や組織の論理が優先されると感じることもあるようです。日本人は他者とのコミュニケーションでも「これくらい察してほしい」という感覚を持つことがあるため、こうした言語外のコミュニケーションギャップを埋めることも必要です。日本人に特有の"察する文化"があることを伝えると、さまざまな場面で彼らの理解が深まります。国によっては、「人前で叱ることは失礼なこと」という文化もあります。そこで、失敗や間違いを隠さずに、素直に謝ることは恥ずかしいことではないと理解させることも必要です。指導にあたっては、あらかじめ受入れ国の文化を理解したうえで臨んでください。

耳が聞こえない人とのコミュニケーション

耳が聞こえない人とのコミュニケーションの手段として手話がありますが、技能実習生が手話を使用することは難しいため、イラストなどを使った筆談を活用するように指導しましょう。技能実習生が筆談でコミュニケーションをとることが難しい場合は、技能実習指導員に伝えるように指導しましょう。

2 耳が聞こえない人

耳が聞こえない人と会話をするときは、顔や口元がよく見える位置で、はっきりとゆっくり話すと聞き取りやすいです。

耳が聞こえない人とのコミュニケーション方法

手話は、手の指や顔の表情を使って言葉を伝える方法です。筆談は、文字や絵をかいて言葉を伝える方法です。

手話

指文字

筆談

ジェスチャー

3 失語症のある人

失語症のある人は「聞く、話す、読む、書く」に障害があります。話すときはゆっくりとわかりやすい言葉で話します。
「はい」「いいえ」で答えられる質問がよいです。

失語症のある人とのコミュニケーション例

4 認知症の人

認知症の人とのコミュニケーションでは、相手の気持ちを理解することが大切です。利用者の表情の変化や話をよく聞きましょう。
また、認知症の人の行動を止めると、不安♣10になることがあるので気をつけましょう。

認知症の人とのコミュニケーション例

失語症のある人とのコミュニケーション

失語症にはいくつかの種類があり、話すことに障害がある場合と、理解することに障害がある場合があります。利用者の症状や、伝えたい内容によって、開かれた質問ではなく、閉じられた質問を使用するなど、コミュニケーション方法を工夫するように説明しましょう。

認知症の人とのコミュニケーション

認知症の人は体験のすべてを忘れてしまうため、財布の置き場所を忘れた場合、誰かが盗んだのではないかと思ってしまうことがあります。利用者の発言を否定するのではなく、まず利用者の不安を受け止め、いっしょに探すように指導しましょう。

職員との
コミュニケーション

利用者へのケアは介護職だけでなく、医療職などの他の職種も含めたチームで行います。そのため、職員間で利用者に関する情報を共有しなければ、よいケアを提供することはできません。技能実習生も介護職の一員として、利用者に関する情報を把握・伝達する役割があることを説明しましょう。

報告

指示された仕事を終わらせても、指示をした人に伝えなければ、その仕事が終わっているのかわかりません。最後にまとめて報告するのではなく、その都度報告するように指導しましょう。

実習1・2年目の対応

実習1・2年目の技能実習生に対しては、指示をしたときに「私に報告してください」と必ず伝え、報告の重要性を伝えることが必要です。
報告がないときは、技能実習生に声をかけ、報告の習慣が定着するように指導しましょう。

---

❺ 職員とのコミュニケーション

1 報告

報告は、仕事の結果などの情報を、指示をした[11]人（リーダーや技能実習指導員）や同僚などにに伝えることです。
指示がなくても、事故が起きたときや、事故を見つけたときは、職員にすぐ報告します。必ず職員に判断してもらって、自分で判断をしないことが大切です。

報告することは
- 通常時[12]：利用者のいつものようす、利用者のいつもと違うようす
- 緊急時[13]：利用者の事故、利用者のようすが急に変わったとき

報告の内容
報告の内容は5W1Hをはっきりしましょう。
①When ：いつ　　②Where：どこで
③Who　：誰が　　④What ：何を
⑤Why　：どうして ⑥How　：どうやって

指示された仕事が終わったときの報告の例

鈴木さんの着替えの介護が終わりました。今日は寒いので、セーターを着ていただきました

36

技能実習生の指導方法の工夫

人前で指導されることに抵抗感を感じるという文化的な背景を持った技能実習生もいます。そのような場合は、他の職員のいる前で指導するのではなく、別室に移動してから個別に指導するなどの配慮が必要となります。効果的な指導を行うために、場所やタイミングを考えて、指導することを心掛けましょう。

事故が起きたときの報告の例

中村さんが食堂の入り口で転倒しました！ 本人は痛いと言っています

2 連絡

連絡は、必要な人に、必要な情報を知らせることです。連絡する内容は、仕事の状況や利用者の情報です。
連絡することで、仕事をスムーズに進めることができます。

情報を知らせるときの連絡の例

利用者の高橋さんから、来週に髪を切ってほしいとの希望がありました

事故が起きたときの報告

事故の発見者が技能実習生の場合、自己判断や自己解決はトラブルにつながってしまうこともあります。実習1・2年目は自分で判断せずに、まずは技能実習指導員や職員に事故の発生を報告することを徹底させしましょう。利用者だけでなく、技能実習生を守ることにつながります。

連絡

連絡は技能実習指導員や職員に伝えれば終わりではありません。たとえば、「利用者が髪を切ってほしいと言っていた」という情報を知らせたら、その情報がしっかりと伝わり、髪を切る準備ができているか、確認するように指導しましょう。

「指示の確認」と「行為の報告」

「はい、わかりました」外国人はこの言葉がとても上手です。しかし、「わかりました」と言っていても、わかっていないことがよくあります。仕事の指示をしたときには、これから自分が何をするのかを言わせてみてください。指示を理解したかどうかの確認になりますし、コミュニケーションの練習にもなります。介護現場では、「指示が聞ける」能力がまず必要になります。そして、次は指示に従って「した行為を報告する」ことが必要です。報告に時間がかかっても、文を最後まできちんと言わせてみましょう。言い終わるまで、技能実習指導員は忍耐強く待ってください。文法、表現などの間違いは正し、正確に言えるまで練習させると、正確に話そうと意識するようになり、日本語の発話力も上がっていくと思います。

③ 相談

困ったときやどうしたらよいかわからないときは、職員に相談してアドバイスをもらいます。相談すると、自分の仕事のやり方や介護の方法を確認することができます。一人で悩まないようにしましょう。

また、相談内容についても、5W1Hをはっきりしましょう。

利用者の介護に困ったときの相談の例

佐藤さんは、食事の量が少なくなっています。会話もかなり減っていて、時間を間違えることもあります。どうしたらよいでしょうか

④ 情報の共有 ※14

利用者の状態や生活に関係がある情報を職員で共有します。小さいことでも情報共有することで、職員のみんなが知っている情報になって、利用者の生活がよくなります。

情報共有の場	
申し送り	利用者のその日の状態や介護の状況を情報共有する
申し送りノート	利用者の状態、家族の情報、連絡することをノートに記録して情報共有する
申し送りシステム	タブレット、スマートフォンを使う申し送りノート
会議	関係者が決まった時間と場所に集まり、課題について検討する

情報の共有

介護現場では、利用者に関する情報を共有する際、専門用語を使ったり、時間を短縮するために略語を使ったりします。申し送りのときや、申し送りノートを読んだときにわからない言葉があったらメモをとり、後で職員に確認をするように指導しましょう。

申し送り

技能実習生の日本語能力が十分でない段階で申し送りに参加することは、技能実習生にとって大きな負担となることがあります。申し送りへの参加のタイミングは、技能実習生の日本語能力に応じて判断しましょう。また、申し送りに参加した最初の段階では、技能実習指導員がいっしょに参加し、わからない言葉についてその場で説明することが有効です。

Column

メモをとる習慣の大切さ

出身国にもよりますが、外国人は学校などの授業中にあまりノートをとらないことが多いそうです。そのため普段からメモをすることも少ないこともあるので、メモをとることの大切さを伝えましょう。利用者の状態の把握やわからないことを書き留めるだけでなく、障害のある人への対応時は相手にも伝わる手段として、メモをとりながら情報を共有することが大切なので、メモを持ち歩くようにアドバイスをするとよいでしょう。

申し送りノートを使った情報共有の例

服薬[15]と水分摂取量の確認をします

昨日、山本さんが受診しているね。服薬の確認と水分摂取量[16]を確認をしてください

5 記録

介護記録は、利用者の様子を記録して、保存するためのものです。利用者の日常生活を職員で共有することが目的です。介護記録には利用者の情報がたくさん書いています。利用者のいる場所で記録を確認してはいけません。

介護記録の目的

①利用者の生活をよくする
②もっとよい介護サービスの提供
③情報の共有
④介護の理由
⑤危ないことがわかるようにする

記録の例

11/21 12:00	昼食 パン2つ、ヨーグルトを食べた。食欲はいつもと変わらない様子だった。「今日は牛乳を温めてほしい」とうかがう。牛乳を温めて飲んでもらった。
13:00	トイレに行く トイレに行き排尿があった
14:00	入浴中止 「今日は少しからだがだるい[17]。風邪をひいた」とのこと。体温36.3℃、血圧134/83mmHgを看護師に報告した。看護師の指示により、午前中の入浴は中止して、午後から体調が回復[18]したら入ることにした。午後も、本人はやめたいと言ったので中止とした。

記録

介護記録にはさまざまな情報が記入されています。それらの情報を日々の介護に役立てられるように、利用者に関する記録は毎日確認するように指導しましょう。

Column

申し送りを教える

　介護現場における申し送りでは、①申し送りの内容を理解している、②申し送りの内容をチーム内に申し送ることができる、③申し送りを記録できる、という3つの能力が必要になります。①②については、「チームの他の職員が言った申し送りの内容はどういった内容であったか、それを自分に申し送ってください」と、技能実習指導員がミーティング後に復習させると効果的です。

　技能実習生は技能実習指導員の指導の下で実習を行うため、利用者の変化の兆しや業務遂行について、必ず報告するよう意識付けてください。

言葉の意味

- 1 **明確**…はっきりわかること
- 2 **同意**…相手の考えに同じ意見だと言うこと
- 3 **身振り**…からだを動かして、気持ちや意思を伝えようとすること
- 4 **ボディタッチ**…からだに触ること
- 5 **距離**…どのくらい離れているかということ
- 6 **印象**…強く感じること
- 7 **表情**…気持ちが顔に出たもの
- 8 **距離感**…どのくらい離れているか
- 9 **不快感**…嫌だと思う気持ち
- 10 **不安**…安心できないこと
- 11 **指示する**…「～しなさい」と命令すること
- 12 **通常時**…いつもと変わらないとき
- 13 **緊急時**…いつもと違う状態で、すぐに対応しなければならないとき
- 14 **共有**…いっしょに持つこと
- 15 **服薬**…薬を飲むこと
- 16 **摂取量**…どのくらいからだの中に入れたか
- 17 **だるい**…とても疲れていて、動けない感じ
- 18 **回復**…元の状態に戻ること

「介護の日本語」って？

　「介護の日本語」として確立されているものは現状ではありませんが、「介護現場で働くために必要な日本語能力」なら一定のものがあると思います。具体的には、①語彙力、②聴解力、③発話力、④漢字力です。書く力が必要かどうかは、実習先によって異なると思います。「日本語の学習」と「介護の学習」は別と捉えがちです。しかし、技能実習生は日本の新聞や小説を読むために日本語を勉強しているのではありません。言うまでもなく介護現場で働くための日本語学習です。「介護の学習」すなわち「日本語の学習」と捉えて、言葉一つひとつにこだわって指導してみてください。

Chapter 4 こころとからだのしくみ

❶ からだのしくみ

1 人間のからだ

人を介護するためには、まず、人間のからだについて知らなければなりません。生きるために必要な人間のからだの機能や特徴[※1]を確認しましょう。

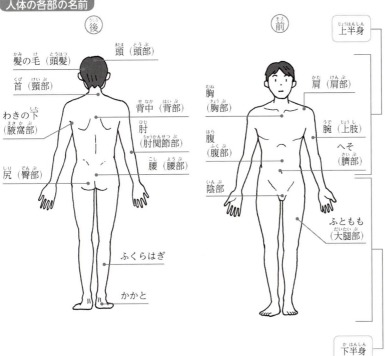

人体の各部の名前

人間のからだ

人体の各部の名称は、介護の現場では人によって言い方が異なることがあります。たとえば、髪の毛を髪、尻をお尻、陰部をお股などと呼びます。技能実習生が混乱しないように、正しい言い方・現場で共通した言い方を共有しておくことが必要です。クイズ形式などで質問をして理解度を確認しましょう。

からだの名称

人のからだのつくりの日本語の名称は発音が難しい言葉が多くあるため、まずは正しい発音を理解してもらいましょう。

関節の動き

関節の働きは、日常生活で重要です。高齢者は関節が動きにくくなったり、変形したり、硬くなったりしています。どのような関節がそうなりやすいかについても、技能実習生に教えておくと衣類の着脱、移動、排泄などの介護の指導につながります。

おもな臓器の名称

それぞれの臓器の名称とともに、どのような役割があるのかを簡単に説明しましょう。利用者が痛みや不調を訴えた際や、健康状態の観察に役立ちます。

関節の働き

関節は、肩、肘、手首、手の指、膝、足首、足の指にあります。関節は、一つひとつ動く範囲※2や動き方が違います。

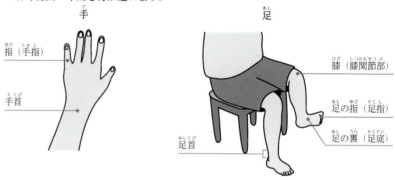

各部位のおもな臓器

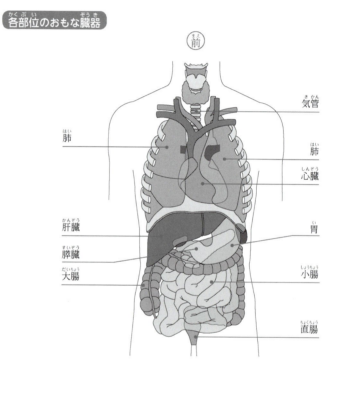

> **ここに注意**
>
> **人のからだのしくみ**
>
> 健康状態の観察やその頻度・重要性は、日本と外国では異なります。利用者の「バイタルサイン」（P.43、44参照）やPart1 Chapter5「老化の理解」の予備知識として、人のからだのしくみについて、基礎的な知識を学んでもらいましょう。

2 バイタルサイン

バイタルサインは、人が生きているのがわかる基本的な情報です。介護の仕事は、人の健康や生命[3]に関係があるので、バイタルサインをよく理解しなければなりません。バイタルサインには体温、呼吸、脈拍、血圧、意識などがあります。

体温

からだの温度で、一番多く確認するバイタルサインです。ふつうはわきの下で測ります。麻痺がある場合は麻痺のない側で測ります。
- 36.0～37.0℃を平熱と言います。
- 38℃以上になると高熱と言います。
- 利用者のいつもの体温を知っておくとよいです。
- 測るからだの場所や時間、気温、年齢などで違います。
- 高熱の場合は、医療職へ連絡します。

体温計

呼吸

からだに酸素を入れて（吸う）二酸化炭素を出す（吐く）ための働きです。呼吸の回数を測るときは、胸が上下する回数を数えます。
- 呼吸の回数は年齢やからだの大きさ、姿勢[4]、気温、運動、感情[5]などによって違います
- 呼吸をするとき、苦しくないか、痰がからむ[6]音がしないかを確認します。
- 利用者の呼吸に異常[7]を感じたときは、医療職に連絡します。

吸う　吐く

バイタルサイン

バイタルサインは生命徴候であるため、利用者の健康管理には重要な指標となります。計測した値で判断することも大切ですが、「いつもと違う」という察知する感覚を身につけておくことが必要です。常に利用者に興味を持ち、日頃の関わり合いの中で小さな異常を見つけることで大事に至らないことは数多くあることを説明しましょう。

体温

体温は汗をかいていると正しく測れません。また、入浴後などは変動があるため、測る際の注意点も加えて指導します。高齢者は、高い熱がなくても肺炎になっていることがあるので、「普段よりも元気がない」「食欲がない」なども健康状態の観察に必要であることを説明しましょう。

呼吸

呼吸が苦しいときの観察の視点として、肩も動くことを説明しましょう。

脈拍

脈拍には個人差があるため、技能実習生自身や技能実習指導員の脈拍を計測させたり、普段の脈拍の様子を把握しておくなど練習が必要です。また、いきなり手首を触ると、利用者が驚いたり、拒否することがあります。利用者に緊張を与えないよう、声かけや信頼関係を築きながら進めるよう指導しましょう。

血圧

血圧は1日の中でさまざまに変化します。また、咳をした後や、1度目と2度目の計測で違いがあることもあります。普段より高い場合には、時間を置いてから測りなおすことや安静にすることも指導に加えるとよいでしょう。

意識

挨拶に応じられる、目を合わせられるなども意識の確認に必要です。とくに認知症の利用者は意識の有無がわかりにくいので、その人の特徴などを説明しておきましょう。

脈拍

心臓の動きの振動[8]です。利用者の手のひらを上にして橈骨動脈（親指のつけ根付近の手首）に触れて測ります。

- 血圧が低い場合は、手首では測りにくくなります。
- 血圧を測る機器などを使って、測ることもあります。
- 脈拍に異常を感じたときは、医療職に連絡します。

血圧

心臓から出た血液が血管内を流れているときの圧力[9]です。上腕動脈の圧力を血圧測定[10]の機器を使って測ります。

- 血圧は運動や食事、飲酒、入浴、精神状態で変わります。
- 高血圧の利用者は体調の変化に注意します。
- 人によって差[11]があるので、利用者のいつもの血圧を知っておくとよいです。
- 血圧に異常を感じたときは医療職に連絡します。

意識

目が覚めている状態で、今の自分の状態や、まわりの状況が正しくわかっていることです。

覚えておこう！

バイタルサインと観察
介護現場では、バイタルサイン測定などの利用者の健康管理を行っています。介護職も利用者の健康の状態は知っておく必要があります。いつもと違うバイタルサインを観察したら、医療職に連絡しましょう。

3 睡眠のしくみ

よい生活をするためには、よく眠ることが必要です。起きたときに「よく眠れた」と感じることが大切です。

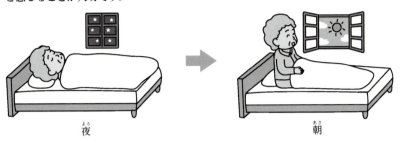

夜　　　　　　　　　　　　朝

睡眠の種類

睡眠には浅い眠りと深い眠りがあって、交互に繰り返します。♣12

浅い眠り

深い眠り

からだは休んでいますが、脳は活動しています。

脳の活動が低下して休んでいます。目が覚めにくい状態です。

よく眠るために留意すること

- 部屋の温度・湿度は、季節や利用者の好みに合わせて調整します。
- 寝るときは部屋が暗いほうが眠りやすいですが、人によって違います。
- 寝るときのまわりの音は静かなほうがよいとされています。
- 寝具は利用者の好みがあるので、よく確認しましょう。

介護のポイント

眠りの環境は、地域の差や個人の好みによって様子が違います。よく確認しましょう。

睡眠の質

睡眠の質は心配ごと、からだの痛みなど、心身の状態で異なります。昼間寝てしまったり、興奮することがあると寝つくことが難しくなります。眠らせようと促したり、睡眠薬を飲んでもらう前に、眠れない理由や原因を考えることが重要です。

眠ることができないとき

利用者は、今までの生活で使っていたものや部屋が変わったりすると、いつも通りに眠れないことがあります。また、薬の飲み合わせで眠気が強まったり、弱まったりすることもあります。このように、「眠れない」「早く目が覚めた」というときには、心が落ち着くように利用者の話をゆっくり聞くように指導しましょう。

❷ こころのしくみ

1 人のこころ

人は自分の気持ちや考え、経験から他の人の気持ちを理解しながら生活をしています。介護をするには、相手のこころを理解する必要があります。

感情

感情は人の気持ちのことです。介護職は利用者の気持ちを確認しながら介護するようにします。
- 快とは、気持ちがよいということです。不快は、いやな気持ちということです。
- 喜怒哀楽とは、喜び、怒り、悲しみ、楽しみのことです。

 喜び 怒り 悲しみ 楽しみ

意欲

意欲は、「〜したい」という気持ちです。長く介護を受けて生活していると、意欲がなくなっているようなときがあります。介護の場面では利用者が意欲を感じながら生活できるようにします。

考え方

人は生活の中で、いろいろな影響*13を受けながら成長*14していきます。年齢によって、考え方が変化してくことを理解しましょう。

感情
　利用者に怒りや悲しみのあるときには、話を聞いても利用者がうまく説明できないことがあります。利用者に聞く前に、他の介護職や利用者家族から、その理由を聞くなど情報を得ておくことも重要です。

意欲
　利用者の意欲を引き出す方法として、趣味など利用者が興味のあることを知っておくこと、それをきっかけにすることなどを説明しましょう。

感情と雰囲気づくり

　日本人も外国人も快・不快の感情は同じです。ただ感情は、その人の性格や病気によってもさまざまであり、いつも同じではありません。大切なことは、自分が言われたり、されたりして不快に感じることは相手にもしないことです。介護の場面では、協力を得られるような雰囲気づくりを心掛けるように指導しましょう。

ストレス

ストレスとは、緊張が長く続いてこころとからだに影響することです。生活の中で面白くないことやつらいことなどがあると、体調が悪くなります。介護を受けている人はストレスを感じやすいことを理解しましょう。

記憶

人は生活の中で、いろいろな新しいことを覚えたり学習したりしています。その覚えたことを必要なときに思い出したりすることを記憶と言います。

■ 記憶の段階

■ 記憶の種類

分類	内容	場面の例
短期記憶	そのときは覚えていても、何もしないとすぐ忘れてしまうもの	聞いて覚えた電話番号　など
長期記憶	ずっと覚えていて、思い出せるもの	印象深い[15]こと　など

ストレス
施設に入居するまで一人暮らしをしていた利用者は、他人との共同生活にストレスを感じやすいことを説明しましょう。

記憶
高齢者は嬉しかったこと、楽しかったこと、辛いことなど、人生でたくさんの経験をしています。また、今までの記憶が思い出せなくなって辛いことがストレスと感じる場合もあります。励ますことも大切ですが、そのような状態にある利用者を認め、辛い気持ちでいることを理解しながら接するように指導しましょう。

欲求と役割

技能実習生がこれまでにどのような教育を受け、どこまでの理解力があるかを確認する必要がありますが、技能実習生自身の欲求や役割に照らし合わせて、例をあげながら理解してもらいましょう。

2 欲求と役割

人の欲求

人は毎日、何かをしながら生きています。呼吸や睡眠など無意識[16]にしていることもあるし、勉強や働くことのように目的のためにしていることもあります。よい介護をするためには、人の欲求を理解することも大切です。

■ マズローの欲求段階説

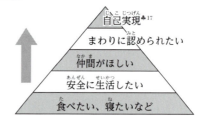

自己実現[17]
まわりに認められたい
仲間がほしい
安全に生活したい
食べたい、寝たいなど

役割

人は歳をとると、定年退職[18]で仕事がなくなったり、子育てが終わったりして、役割[19]がなくなることがあります。人は「役割」に「いきがい」[20]を感じていることを理解しましょう。

介護のポイント

役割やいきがいは人によって違います。利用者のこれからの生活や、役割などもいっしょに考えられる介護職になりましょう。

Column

生きる権利

人は誰でも生きる権利があります。「ここにいていいんだ！」「生きていることが幸せだ！」と思ってもらえるような介護をすることが大切です。「あなた（利用者）がいるから自分（技能実習生）はたくさんのことを学ばせてもらえている」という気持ちで接するように指導しましょう。利用者も自分の役割の一つとして感じてもらえるはずです。

3 死についての考え方

介護の仕事をしていると利用者が亡くなる[21]ことがあります。介護職は、「人の死」について考えましょう。

世代による「死」の違い

「死」に対する考え方は、人によって大きな違いがあります。表は、高齢者と若年者[22]の一般的な違いです。

区分	内容
高齢者	・高齢者になると、夫や妻、友人など身近な人の死を多く体験するようになります。 ・高齢者が亡くなると、悲しみといっしょに感謝の気持ちを伝える人が多いです。 ・グリーフ・ケア[23]を忘れないようにします。
若年者	・若年者は体力が充実していることから、死を自分から遠いもの、ずっと先のことと感じています。 ・若年者が亡くなると、家族やまわりの人に大きな精神的ストレスがかかります。 ・働いている人が亡くなると、家族に大きな経済的負担がかかることが多いです。

尊厳死

尊厳死とは、「その人らしさ」を保ちながら死を迎える[24]ことを言います。

📖 覚えておこう！

その人らしい「死」を迎えるために

死を迎えるとき、死ぬまでをどう過ごす[25]かがとても大切です。利用者と家族などがよく話し合って、利用者の希望が大切にされるように準備します。

「どこで」「誰と」「どのように」最期の時間を過ごしたいのか、利用者に自分で選んで自分で決めてもらいます。

死についての考え方

死の受け入れ方は、宗教や家族関係で異なることを説明します。また、利用者が自分の最期の迎え方を考えていない、家族と話し合っていない場合が多くあるため、介護の場面で、常に身近にいる介護職が、利用者がどうしたいかについての思いを引き出す関わりの大切さも指導するとよいでしょう。

また、高齢者施設では、状態の急激な変化や突然亡くなる場合もあるため、技能実習生のリアリティショック（今までに経験したことのないような現実的なショック）への支援も必要です。

技能実習生の死生観

仏教、イスラム教、キリスト教など技能実習生の出身国によって死生観はさまざまです。各々の死生観をもとに、少ない日本語の語彙で利用者に話すと、誤解を受けてしまうことがあります。そのようなとき技能実習指導員は、利用者だけでなく技能実習生に対してもフォローが必要です。日本人の考え方について説明するとともに、技能実習生の考え方を事前に把握しておくことも重要です。

Column

共感

死を悲しいと感じるのは技能実習生も同じです。しかし利用者によっては、夫や妻など愛した人の下へ旅立つときを望んでいる人もいます。「共感する」ということは、相手の気持ちを理解しようとすることから生まれる感情です。「共感する」体験は介護にとって、とても大切なことです。利用者にも家族にも最後までよい人生だった、と思ってもらえる介護を目指すように指導しましょう。

言葉の意味

♣1 **特徴**…他とくらべて、よくわかるところ

♣2 **範囲**…どこからどこまでと、決められた広さ

♣3 **生命**…命

♣4 **姿勢**…動作をするときのからだの形

♣5 **感情**…気持ち

♣6 **痰がからむ**…痰がのどにある状態

♣7 **異常**…いつもと違う状態

♣8 **振動**…ゆれる動き

♣9 **圧力**…押す力

♣10 **測定**…測ること

♣11 **差**…違い

♣12 **交互にくり返す**…二つ以上のことを順番にくり返すこと

♣13 **影響**…力や働きが他のものや人に伝わって、変化を起こすこと

♣14 **成長**…大きくなること。子どもから大人になること

♣15 **印象深い**…心に強く残っていること

♣16 **無意識**…考えない

♣17 **自己実現**…自分の能力を生かして、自分を完成させること

♣18 **定年退職**…高齢になったことで、仕事をやめること

♣19 **役割**…しなければならない役に立つ仕事

♣20 **いきがい**…生きていてよかったと思うこと

♣21 **亡くなる**…死ぬ

♣22 **若年者**…若い人

♣23 **グリーフ・ケア**…残された家族が深い悲しみを受け入れ、生活を立て直すことができるように支えること

♣24 **死を迎える**…死ぬこと

♣25 **過ごす**…生活する

Chapter 5 老化の理解

❶ 老化のこころとからだの変化

歳をとって、からだの機能が低下することを「老化」と言います。老化が進むと、病気やけがをしやすくなります。高齢者（一般的[*1]に65歳以上の人のことをいいます）のこころとからだの変化について理解しましょう。

1 こころの変化

高齢者になると、次の①～③が起こりやすくなって、こころの病気の「うつ病」になりやすくなります。

① 配偶者（夫、妻）、友人が亡くなる[*2]
② 仕事を退職[*3]して、社会的な役割[*4]がなくなる
③ からだの機能[*5]が低下[*6]（老化）する

うつ病になると、元気がなくなったり、食欲がなくなったりします。こころが元気でなければ、からだを動かそうという気持ちになりません。健康に生活するには、こころもからだも健康でなければなりません。

> **介護のポイント**
> 介護職は、高齢者が「できること」を大切にして、利用者に施設の中で役割を持ってもらい、友人といっしょに、毎日の生活を楽しんでもらうことが大切です。

こころの変化

高齢者になると、からだや周囲の環境が変化することで、こころにもさまざまな変化が起こります。高齢者に特徴的なこころの変化について学ぶことで、高齢者の発言や行動の背景にある原因を分析する手がかりとなります。利用者が充実した毎日の生活を送るために、高齢者のこころの変化を理解したうえで、介護を実践するように指導しましょう。

役割を持ってもらう

利用者が日々の生活のなかで、「誰かに必要とされている」という感覚を持ってもらうことが大切です。たとえば、おしぼりを畳む、配膳をするなど、利用者に役割を持ってもらうことで毎日の生活にハリが生まれます。利用者に役割を持ってもらうことを意識するように指導しましょう。

Column

高齢者の言葉

日本語では、同じ物を意味する言葉であっても、高齢者と若者で異なる表現をすることがあります。たとえば、高齢者の中には衣類をかける「ハンガー」のことを「衣紋（えもん）かけ」と言い、「水道の蛇口」を「カラン」と言う人もいます。高齢者とコミュニケーションをとるときに、理解できない言葉があると思いますが、高齢者にとっては自分がこれまで使用してきた言葉のほうが使いやすいので、高齢者が使う言葉も覚えるように伝えましょう。

からだの変化

介護を必要とする高齢者は、老化によるからだの変化により、日常生活に支障が多くあります。また、からだの変化に対して大きな不安を感じています。そのため、介護職は高齢者の特徴的なからだの変化について学び、高齢者が介護を必要とする理由や根拠を確認する必要があります。高齢者のからだの変化を理解したうえで、介護を実践するように指導しましょう。

症状が出にくい

高齢者は病気になっても、症状が出にくいことがあります。介護職は利用者と接する時間が他の職種に比べると長く、利用者の異変に気づきやすい立場にいます。利用者の様子がいつもと違うと思ったら、技能実習指導員や職員に報告するように指導しましょう。

2 からだの変化

高齢者のからだの特徴

高齢者のからだには次の①～⑤の特徴があります。

①個人差[7]が大きい
老化のスピードは、生活習慣によって違うので、個人差が大きいです。

②病気になりやすくて、重症[8]化しやすい
高齢者は免疫力[9]が低下しているので、病気になりやすいです。また、病気になったとき、若い人より症状が悪くなりやすいです。

③多くの病気になっている
高齢者は一つだけではなく、二つ以上の病気になっている人が多いです。

④治りにくい病気（慢性疾患）が多い
病気には、風邪のように数日で治るものと、治らない病気があります。糖尿病のように、治りにくい病気を慢性疾患と言います。高齢者は慢性疾患の病気になっていることが多いです。

⑤症状が出にくい（症状が非定型的[10]）
高齢者は、若い人と違って、風邪をひいても熱が出なかったり、誤嚥をしても咳が出なかったりします

利用者の食欲がない、元気がないなど、利用者のようすにいつもと違うところはないか、よく観察[11]しましょう。

高齢者の感覚機能の低下の特徴

高齢者になると、見る力、嗅ぐ力、味を感じる力、聞く力、触って感じる力が低下します。日常生活の中で、以下のことに気をつけましょう。

52

視覚（見る力）
視力が低下します。転びやすくなるので、注意しましょう。

嗅覚（嗅ぐ力）
においが感じにくくなります。食べ物のにおいがわからなくなるので、注意しましょう。

味覚（味を感じる力）
味を感じにくくなります。濃い味にならないように、塩分や糖分（甘み）に注意しましょう。

聴覚（聞く力）
高い音が聞こえにくくなります。利用者と話すときは、はっきり、ゆっくり、低い声で話しましょう。

触覚（触って感じる力）
熱いもの、冷たいものがわかりにくくなります。熱いものに触ってやけどにならないように注意しましょう。

❷ 病気と症状

- 高齢者は老化が進んで、病気になりやすくなります。
- 高齢者に多い病気の特徴♣12と、介護をするときに気をつけることを理解しましょう。

1 高齢者に多い病気

肺炎
病原体が肺の中に入って起こる病気を肺炎と言います。

症状
症状は咳、発熱（微熱）ですが、高齢者は症状が出ないこともあります。

留意♣13点
バランスのよい栄養をとることが大切です。

視覚の変化

高齢者は骨が弱くなっているため、転倒すると骨折しやすいです。階段の段鼻と踏み面が同じような色だと、視覚機能の低下した高齢者は転びやすくなるので、視認性を高めるなど転びにくい環境整備が大切なことを説明しましょう。

病気と症状

介護を必要とする高齢者は、病気になっていることが多いです。また、その病気は一つではなく、複数の場合が多いです。介護職は高齢者の介護をするとき、その病気の症状に応じた適切な対応をしなければなりません。そのため、高齢者の病気について理解したうえで、介護を実践するように指導しましょう。

病名と症状を結びつけて理解したり、用語を覚えたりすることは技能実習生には難しいので、とくに実習1・2年目は、高齢者の病気の注意すべきポイントについて理解してもらえるように指導しましょう。

誤嚥性肺炎の症状

高齢者は誤嚥性肺炎を起こしていても、咳込む症状が出ないことがあります。誤嚥性肺炎を起こしている場合、発熱の症状もありますので、咳込み以外の症状についても、利用者の様子を観察するように指導しましょう。

誤嚥性肺炎

誤嚥が原因で肺炎になることを誤嚥性肺炎と言います。

症状
食事をするときに、食道に入る食べ物が、気管に入ってしまうことを誤嚥と言います。高齢者は飲み込む力が弱くなるので、誤嚥しやすいです。

留意点
食事のときは、足を床に着けて、あごをひいて、座位の姿勢で食べてもらいます。(食事の姿勢はPart2 Chapter3「食事の介護」で詳しく説明)

脳血管疾患

脳の血管の病気です。脳の血管が詰まる脳梗塞、脳の血管がやぶれる脳出血があります。脳血管疾患で寝たきりになることが多いです。

症状
● 頭痛などがあります。

留意点
● 脳血管疾患は脱水や高血圧などで起こりやすくなります。
● 片麻痺、言語障害などになることがあります。

覚えておこう！

麻痺
麻痺とは、病気やけがなどが原因で、からだが「動きにくい」か「動かない」または感覚がなかったり、鈍くなっている状態のことです。からだの片側が麻痺になることを「片麻痺」と言います。動く側を「健側」、動きにくい側を「患側」と言います。

心疾患

心臓の病気です。心臓の血管が狭くなって、一時的[14]に酸素が不足[15]する「狭心症」、心臓の血管が詰まって、心臓の筋肉が死ぬ「心筋梗塞」などがあります。

症状
胸の痛みなどがあります。

留意点
糖尿病や高血圧などが心疾患の原因となることがあります。

高血圧

最高血圧が140mmHg以上、最低血圧が90 mmHg以上の高い血圧になることを言います。

	最高血圧	最低血圧
高い血圧	140mmHg以上	90mmHg以上
望ましい[16]血圧	120mmHg未満	80mmHg未満

症状
高血圧の状態が続くと血管が硬く、狭くなって「動脈硬化」になります。動脈硬化は、脳血管疾患や心疾患の原因になります。また、狭心症や脳梗塞になりやすくなります。

留意点
望ましい血圧になることが目標です。治療[17]には運動療法[18]、食事療法、薬物療法があります。

高血圧

高血圧は、さまざまな病気にかかりやすくなるため、注意が必要です。日常生活でも配慮が必要となります。食事では塩分を控えること、入浴は熱いお湯は避けてぬるいお湯に入ること、室温の急激な変化に気をつけることが大切だと説明しましょう。

糖尿病

インスリン[19]の働きが悪くて、血液中のブドウ糖[20]が濃くなる状態（高血糖）の病気です。

症状
- 高血糖が続くと、血管が詰まったり、傷ついたりして、感染症・合併症にかかりやすくなります。合併症には、網膜症、腎症、神経症があります。
- 口渇（口が渇くこと）、多飲（水をたくさん飲むこと）、多尿（尿がたくさん出ること）になったり、急に体重が減ったり[21]します。

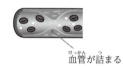
血管が詰まる

留意点
- 低血糖状態になるとふらふらしますので、注意が必要です。
- 環境の変化に注意します。
- 治療には運動療法、食事療法、薬物療法があります。

骨粗鬆症

骨が弱くなり、骨折しやすくなる病気です。背中や腰が痛くなったり、身長が低くなったりします。

骨
骨がもろくなる

留意点
高齢者は転倒すると大腿骨頸部を骨折することがあります。
骨折すると、寝たきりになることが多いので、利用者が転ばないように注意しましょう。また、毎日の生活の中で次の点に気をつけます。
- カルシウムを多く含む[22]食品を摂取[23]する。
- 日光を浴びる。
- 適度[24]な運動をする。

大腿骨頸部

骨粗鬆症

骨粗鬆症により骨がもろくなっている場合、少しの衝撃でも骨折してしまうことがあります。骨粗鬆症の利用者に対する介護は、衝撃を与えないように慎重に行うように指導しましょう。

2 高齢者に多い症状

廃用症候群

からだを使わないで、長い間臥床[25]していると、こころとからだの機能が低下します。これを廃用症候群と言います。

廃用症候群になると、生活する意欲もなくなります。

留意点
できるだけ毎日ベッドから離れて、からだを動かしてもらいましょう。楽しみのある生活を支援します。

褥そう（床ずれ）

ベッドや車いすに、長い時間、同じ姿勢でいると、皮膚に傷ができます。これを褥そう（床ずれ）と言います。（Part2 Chapter2 ② 「褥そうの予防の介護」で詳しく説明）。

脱水

からだの中の水分が少なくなることを脱水と言います。高齢者は感覚機能の低下で、のどの渇きを感じにくくなります。高齢者は体内の水分量が若い人と比べると少ないので、脱水になりやすいです。

留意点
- 食事の他に1.5ℓの水分をとってもらいましょう。とくに夏は多くの水分が必要です。
- お風呂に入る前後、運動したときは水分をとってもらいましょう。
- 「トイレに行きたくないから水を飲まない」という高齢者がいますが、病気になりやすくなりますので、水分をとってもらいましょう。

廃用症候群

長い間ベッド上で過ごしていると、心身の機能が衰えるので、適度にからだを動かすことが大切です。また、身体機能の低下を防ぐだけではなく、認知機能の低下を防ぐためにも、他者との交流を持ち、積極的に話す機会をつくるなど、人と関わる機会が重要であることを説明しましょう。

便秘

高齢になると活動量が低下するため、便秘になりやすいです。薬を服用することもありますが、まずは運動や食事など、薬を使わない非薬物療法で便秘を改善するように指導しましょう。

便秘

便の出る回数や量[26]が減ることを便秘と言います。高齢者は便秘になりやすいです。

留意点

適度に運動をすること、水分をとること、食物繊維[27]の多い食べ物を食べることが大切です。

皮膚のかゆみ

高齢者は、体内の水分量が減るため、皮膚がかゆくなりやすいです。皮膚が乾燥する冬は注意が必要です。

留意点

● 入浴するときはからだを洗いすぎないようにしましょう。
● 保湿剤をぬりましょう。

不眠

眠ることができないことを不眠と言います。高齢者は、若い人に比べて、睡眠時間が短くなります。朝早く目が覚めます。

留意点
- 日中に日光を浴びて、適度に運動するなど、活動量を増やすようにします。
- 日中に長い時間の昼寝をすると、夜に眠れなくなるので、注意しましょう。

貧血症状

血液状態が悪くなるため、疲れたり、めまいがする症状です。高齢者は、貧血症状に気づかないことがあるので、注意しましょう。

留意点
適度に運動すること、栄養のバランスのよい食事が大切です。

頻尿

尿が出る回数が増えることを頻尿と言います。高齢者では、起きているときに8回以上、寝ているときに2回以上くらいが頻尿の目安です。

留意点
夜の頻尿は、眠れなくなったり、転倒の危険があります。

頻尿

寝ているときにトイレに行きたくなる場合は、トイレへ移動する際の転倒リスクに注意しなければなりません。トイレまでの移動距離を少なくすることや、足元灯を用いて、転ばないようにするなどの環境整備が重要であることを説明しましょう。

言葉の意味

- ♣1 一般的…特別でないこと
- ♣2 亡くなる…死ぬ
- ♣3 退職…仕事をやめること
- ♣4 役割…しなければならない役に立つ仕事
- ♣5 機能…できること
- ♣6 低下…弱くなること
- ♣7 個人差…一人ひとりの違い
- ♣8 重症…病気の症状が重いこと
- ♣9 免疫力…からだの中に入った菌などから、自分のからだを守る力
- ♣10 非定型的…決まった症状がないこと
- ♣11 観察…よく見ること
- ♣12 特徴…他のものより、よくわかるところ
- ♣13 留意…注意すること・気をつけること
- ♣14 一時的…そのときだけ
- ♣15 不足…足りない
- ♣16 望ましい…「〜だったらよい」という希望
- ♣17 治療…病気を治すこと
- ♣18 療法…治療の方法
- ♣19 インスリン…膵臓から出るホルモン
- ♣20 ブドウ糖…一番基本の糖分
- ♣21 減る…少なくなること
- ♣22 含む…中に入っている
- ♣23 摂取…栄養などをからだの中に入れること
- ♣24 適度…ちょうどよい
- ♣25 臥床…ベッドなどで寝ていること
- ♣26 量…どのくらい
- ♣27 食物繊維…栄養の一つで、食べると腸の働きがよくなる

Column

英語はわからない？

　外国人はみな英語がわかると思っている日本人は少なくありません。技能実習生が英語をわかるかどうかを確認してもよいかもしれませんが、フィリピン以外からの技能実習生は、あまりわからないと思った方がよいでしょう。言葉の説明に困って、英語に訳している場面をみかけますが、もっとわからなくなってしまいます。

　本書にQOLの説明がありますが（P.4参照）、英語の「Quality of Life」でもわかりませんし、日本語の「生活の質・生命の質」でも抽象的すぎて、やはり何のことかわかりません。テキスト本文では、その後に具体的に例をあげて説明をしています。言葉の説明が難しいときは、仕事の中で実際にやっている事例を見つけ、具体的に説明するとよいでしょう。

Chapter 6 認知症の理解

Chapter 6 認知症の理解

❶ 認知症について

1 認知症について

認知症は、老化の「もの忘れ」と違います。脳の働き（認知[*1]機能）が少しずつ低下する病気です。

脳は、記憶（覚える・思い出すなど）、感覚（見る・聞くなど）、思考（理解・判断[*2]など）、感情（喜び・悲しみなど）、からだ全体の調節（呼吸・睡眠・体温など）をします。

脳の働きが低下すると、生活に問題が出ます。

■ 脳の部位と働き

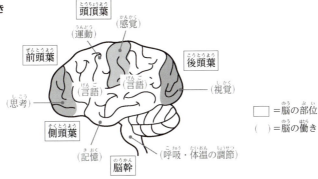

□＝脳の部位
（ ）＝脳の働き

認知症の人を介護するときの基本

認知症の人を介護するときの基本は、病気の特性と利用者のことをよく理解することです。認知症の人のこれまでの生活を知ることで「利用者がしたい」生活ができるように、支えることができます。認知症の人がどのような支援を求めているか、利用者の立場で考えることが大切です。認知症の人が安心して生活できる環境を整えましょう。

介護のポイント

認知機能は、記憶する、感じる、考える、思うなどの脳の働きのことです。

認知症の理解

まずは、認知症の人それぞれにあった接し方や介護があることを技能実習生に理解してもらいましょう。認知症の種類や症状を理解することは、すぐには難しいと思います。専門用語などは、第3号技能実習時点には修得できるように指導しましょう。

認知症の特性

認知症にはさまざまな種類があるため、その人の認知症の種類と症状を調べることが理解につながります。

認知症の人のこれまでの生活を知る

朝は何時に起きるのか、夜は何時に寝るのか、昼間はどのように過ごしていたのかなどを、認知症の人や本人の生活を知る家族に聞くように指導しましょう（認知症だからわからないと決めつけず、まず本人の話を聞く）。

Column

認知症の人の気持ち

高齢になると変化に適応する能力が弱くなります。認知症の人はとくに適応する力が弱くなるため、病院への入院や施設への入居といった今までとまったく違う生活に対して混乱を起こしてしまいます。現在の日本の高齢者は「他人に迷惑をかけてはいけない」という謙遜の気持ちが強くあるため、お世話されることに対して申し訳ないと思ったり嫌だという気持ちを持つ人が多くいます。そのような気持ちを介護者が理解し、お世話させてくださいという姿勢で対応すると相手も介護を受け入れやすくなります。

2 代表的な認知症と症状

代表的な認知症として、①アルツハイマー型認知症、②血管性認知症、③レビー小体型認知症、④前頭側頭型認知症の4つがあります。

①アルツハイマー型認知症
脳の細胞がこわれ、脳が小さくなることで、認知機能に障害が起きます。アルツハイマー型認知症のおもな症状は、記憶障害です。
- 認知症を早く見つけて、薬を飲むと、症状の進行を遅らせることができると言われています。
- 機嫌[3]がよいことが多いです

②血管性認知症
脳の血管が詰まる「脳梗塞」や血管が破れる「脳出血」などによって、認知機能に障害が起きます。（脳梗塞、脳出血はPart 1 Chapter 5「老化の理解」で詳しく説明）
- 認知症の症状が出ているときと、あまり出ていないときがあります。
- 小さいことでも笑ったり泣いたり怒ったりします。意欲や注意力が低下します。

③レビー小体型認知症
脳の中に「レビー小体」というたんぱく質が集まることによって、認知機能に障害が起きます。実際にはないものや人などが見える「幻視」などの症状があります。
- 手足が震える、小刻み[4]に歩く症状があります。
- 眠っている間に、大声を出す、怒鳴る、暴れることがあります。転倒・転落などの事故になることもあります。

④前頭側頭型認知症
前頭葉と側頭葉が小さくなることで認知機能に障害が起きます。前頭側頭型認知症では、感情の変化が乏しくなるなどの「性格変化」や、落ち着きがないなどの「行動障害」がみられます。若いときにかかる人（50～60歳）が多い認知症と言われています。
- 我慢や思いやり[5]を失くします。同じことを繰り返す[6]ことが特徴です。
- 仕事をしなくなったり、万引き[7]や急に暴力的になることがあります。

機嫌がよい
混乱や不安がなく穏やかな気持ちで過ごせる状態であることを説明しましょう。

小さなことで笑ったり泣いたり怒ったりする
ささいなことで感情が抑えきれず、過剰に出てしまうことを説明しましょう。

転倒・転落の事故になる
興奮して暴れてベッドから落ちてしまったり、立ち上がったときにふらつき転んでしまうなどの危険があることを説明しましょう。

同じことを繰り返す
同じ行動を続ける、同じ言葉を言い続けるなど、規則にとらわれたかのように決まった行動を繰り返す症状であることを説明しましょう。

Column

症状の違い

認知症は原因疾患によって症状の違いがありますが、混合型といって原因疾患が組み合わさるケースも多くあります。認知症の人がすべて専門医の診断を受けているとは限らないので、診断名だけにとらわれず、その人の症状（何ができて何ができないのかなど）をしっかりと観察してその人に合わせた対応をすることが大切です。

3 認知症の治療

認知症は早く見つけること・受診[8]・診断[9]、早期治療が大事です。認知症の診断には、専門の病院の受診が必要です。
- 認知症の初期[10]に受診・診断すると、状態に合った治療ができて、今後[11]について準備することができます。
- 認知症には治るものと治らないものがあります。
- 朝起きたら洗面、着替え、食事、排便など規則的な日常生活ができるように見守ります。
- 認知症の人の食事や水分摂取状況の観察が大切です。

❷ 脳の障害で起こる症状（中核症状）

1 中核症状

認知症の症状には、脳の障害で起こる中核症状があります。中核症状には、記憶障害、見当識障害、理解・判断力の障害、実行機能障害などがあります。人によっていくつかの中核症状が出ることもあります。

記憶障害
- もの忘れが出ます。同じことを何度も聞きます。

なぜ？
数分前のことをすぐ忘れることが原因になります。

専門の病院
脳神経科やもの忘れ外来など、おもに認知症を専門に診る機関があることを説明しましょう。

認知症には治るものと治らないものがある
原因の病気を治療すれば治るものがあることを説明しましょう。認知症は脳の萎縮など脳の変化による症状ですが、治る認知症とは他の病気が原因で認知症に似た症状を引き起こすものを言います。

認知症の人の観察・見守り
手や足は動くのに行動ができなくなる「失行」という症状があります。言葉の促しだけでは一人でできないけれど、行動をいっしょに行うとできることがあります。このような関わりをとおして「自分でできる力」を引き出すように指導しましょう。

もの忘れ
認知症のもの忘れはヒントを与えても思い出せない、そのときの記憶がすべて消えてしまう症状だということを説明しましょう。
認知症の初期はもの忘れ症状から気がつく場合が多いです。もの忘れ症状によって周りの人と話がかみ合わなくなったり、誤解を招いたりといった変化が起こり、本人は不安でいっぱいになります。ですから、技能実習指導員は認知症の人が同じことを繰り返し言っても、そのことを指摘せずに本人の話をよく聴き、不安の軽減に努めるよう技能実習生に指導しましょう。

認知症の人に寄り添う

認知症状のある人は自分の行動に対し説明や説得をされると、怒られているような気持ちになります。認知症状によるおかしな言葉や行動をとったとしても、それを否定せずその言動に合わせることが、その人に「寄り添う」ということなのです。寄り添いながら、その人を傷つけないように、さりげなくお手伝いをするように指導しましょう。

質問の仕方

認知症の人に対して一度に多くのことを言うと頭の中で情報を処理できず混乱してしまいます。また長い話は全部覚えきれず最初に言われたことは忘れてしまいます。短い言葉で話すように指導しましょう。

相手の目を見てやさしく対応する

認知症の人はいつも不安を抱えています。またまわりのいろいろなところに注意が向いてしまうため、相手と目を合わせて、介護する自分の存在に気づいてもらうことが大切です。

時間がわからなくなる

時間の感覚がないと昼と夜が逆転してしまうことがあります。時間がわかるように目につく場所に時計を置き、昼間はカーテンを開けて日の光を部屋に入れるなど、意識して時間を知らせる工夫をするように指導しましょう。

冬なのに夏の衣服で出かける

季節の感覚がなくなり、暑さや寒さの感覚も弱まるため、介護職がそのときの気温に合った服装を選ぶ関わりも必要となります。

● 意思を伝えることが難しくて、「あれ」「それ」と言うことが増えます。

なぜ？
ものや言葉の意味を忘れてしまうことが原因になります。

介護のポイント
・本人の状態によって「はい」か「いいえ」で答えられる質問をしましょう。
・本人が言ったこと、聞いたこと、したことを忘れていても、責め[12]ないで相手の目を見てやさしく対応しましょう。
・食べたことを忘れて、何度も食事をしたがるときは、量を少なくして、回数を多くします。

見当識障害

● 時間がわからなくなります。
● 冬なのに夏の衣服で出かけます。

なぜ？
時期や季節がわからなくなることが原因になります。

> **なぜ？**
> 方向[注13]の感覚が弱くなって、場所の理解も弱くなることが原因になります。

● 場所がわからなくなります。慣れた道でもわからなくなることがあります。

介護のポイント
- 場所や時間の間違いを受け入れて、利用者が生活しやすいようにしましょう。
- 利用者の部屋やトイレの場所がわかるように、書いたものを貼っておきます。
- 季節がわかるように、「お正月」など季節の行事をし、食事にはその季節の食材を使いましょう。
- 日付がわかるように、毎日めくるカレンダーを用意しましょう。

理解・判断力の障害
● 物事の理解・判断が難しくなります。
● 服のボタンをとめるのに時間がかかります。

> **なぜ？**
> 順番を考えて、行動するのに時間がかかります。

場所がわかるようにする

利用者の部屋やトイレへの行き方を表示するときには、本人の目の高さに貼ると自然に目にすることができます。また読みやすい大きな文字や見やすいはっきりとした色を使うことも大切です。文字が認識できない場合は絵にするなど、認知症状に合わせた工夫をするように指導しましょう。

日付がわかるようにする

認知症状に合わせカレンダーを用意します。毎日めくる方法、1か月のカレンダーで当日の部分にしるしをつけていく方法など、その人がわかりやすいものを準備するように指導しましょう。

服のボタンをとめるのに時間がかかる

高齢になると指先での細かい作業が難しくなります。認知症状のある人はそれに加えボタンのとめ方がわからなくなったり、掛け違えたりします。そのため、ボタンの大きい服を選んだり、ボタンが少ないものやボタンがない服など、認知症の人が一人でできやすくする工夫を考えるように指導しましょう。

トイレの呼び方

　現在の日本の高齢者が若いころに使っていたトイレは和式が多く、しゃがんで排泄するタイプでした。認知症によるもの忘れが進むと大人になってからの記憶が薄れ、子どものころの記憶にさかのぼってしまいます。そのため洋式トイレを見ても認識できない場合があります。そのようなときは下着をおろし便座に座る手伝いなどの排泄の介護を行い、トイレだということを教えてあげることが大切です。

　また、トイレの呼び方も「ごふじょう」や「お便所」「お手洗い」などいろいろな言い方があるので、その人が言っていた呼び方を技能実習生に説明しましょう。

●お金の計算が難しくなります。

なぜ？
混乱して、間違いが多くなります。

介護のポイント
- 利用者のやり方をゆっくりと見守りましょう。
- 利用者に説明するときは、一つずつ簡単に伝えましょう。二つ以上[14]のことはうまくできなくなります。
- いつもと違うところでは、混乱[15]しやすくなります。利用者が混乱しないように見守って、必要なときに支えましょう。
- 新しい機械の使い方が理解しにくくなります。できるだけ、使い慣れたものを用意します。

実行機能障害
● 計画を立ててすることが難しいです。
● いつもつくっていた料理がつくれなくなります。

なぜ？
いつもの料理の順番とつくり方がわからなくなります。

介護のポイント
- 「次は、ジャガイモを切りましょうか」など、一つずつ声かけをしながら、見守りましょう。本人ができるだけ長く自分でできるようにします。
- 指示があれば一人でできることがあります。できないと決めないで、できるようにするために、どう支えていくかを考えましょう。
- 一人で外出することが難しくなります。どんな交通を使えばいいか、どこで降りたらいいかなど、必要なときに声をかけましょう。

混乱しやすくなる
混乱を少なくする工夫として、家で使っていた馴染みのものを持ってきてもらうことや、その人の生活習慣を知り、なるべくそれに近い方法で行うと混乱が少なく落ち着いて過ごせることを説明しましょう。

計画を立ててすることが難しい
一つひとつ、ゆっくりといっしょに計画を立てていく手伝いをするように指導しましょう。また、立てた計画が実行できるようにカレンダーやノートに書く手伝いをする、書いたことを忘れてしまっても、介護職がその都度声をかけて行動できるように手伝いをすることを指導しましょう。

できることに注目する
認知症の人にとって、わからないことやできないことはとても悲しく辛いことであり、それによって意欲が低下してしまいます。認知機能の低下によってできなくなったことばかりに目を向けるのでなく、できることに注目し褒めるように指導しましょう。

❸ 環境などで起こる症状（行動・心理症状）

1 行動・心理症状（BPSD）とは

認知症の症状には、環境などで起こる行動・心理症状（BPSD：Behavioral and Psychological Symptoms of Dementia）があります。BPSDは、利用者の性格や素質[16]（個人的[17]な要因[18]）、生活環境や人間関係（環境的な要因）などによって症状や回数が変わります。BPSDは、周辺症状とも呼ばれます。

行動症状

暴言[19]、暴力[20]、抵抗[21]、不潔行為[22]、睡眠覚醒リズムの障害[23]、衣服の着脱の繰り返し、外出中に道に迷うなどがあります。たとえば、日中に寝て夜間に目が覚める昼夜逆転の生活をすることがあります。施設の中や外を歩き回ることがあります。

施設の中を歩き回る

心理症状

不安、幻覚、錯覚[24]、興奮[25]、依存[26]、妄想[27] などがみられます。たとえば、誰もいないのに、誰かいると言ったり（幻覚）、財布を盗まれたと言ったり（妄想）することがあります。

誰もいないのに、誰かいると言う

財布を盗まれたと言う

> **覚えておこう！**
>
> **パーソンセンタードケア（Person Centered Care）**
> 本人を中心に考えて介護をすることが大切です。介護が必要になっても、利用者らしい生活ができる環境づくりも大切です。利用者の言葉に「だめだ」と言わないようにしましょう。

行動症状

介護職から見ておかしいと思えることでも、認知症の人にとっては必ず意味のある行動です。言葉でうまく伝えられず、困っていることが行動として現れています。おかしな行動をとる理由を考えてみるよう指導しましょう。
例1）介護抵抗をする理由→介護者の説明が理解できずに何をされるのか不安になる
例2）歩き回る→トイレに行きたいが場所がわからない。家に帰りたくて出口を探している

心理症状

幻覚や妄想に対して介護職は否定せず、本人の話をきちんと聴くように指導しましょう。肯定や否定をせず、本人の話に耳を傾けることが大切です。また、ものがなくなったと訴えるときはいっしょに探します。介護職が探し物を見つけても本人にすぐ渡すのではなく、いっしょに探して本人に見つけてもらうようにします（盗まれたと思われないための工夫）。

不安を取り除く

行動・心理症状は必ず起こる症状ではありません。症状を起こす原因はいろいろありますが、身近にいる介護職の対応による影響は大きいです。常に混乱や不安を抱えている認知症の人に対してやさしく声をかけ、混乱している原因が何かを探り不安を取り除くことが大切です。

行動・心理症状に対する対応

行動や妄想・幻覚が出るときの状況（いつ、どんなとき）をチームで話し合い、原因を取り除くことが必要です。チームでいろいろな人の情報を出し合うことで原因がわかることがあります。

また、介護職の対応を話し合い、同じ方法で接するように指導することが大切です。なぜなら、介護職がそれぞれ違う方法をとると認知症の人は混乱し、その混乱が怒りや不安となり行動・心理症状となってしまうからです。

② BPSDのある利用者への対応

行動症状に対する対応

歩き回ることへの対応
- 利用者が歩き回るときには、何か理由や目的があります。
- やめさせるのではなく、いっしょに歩くなどの対応が大切です。
- 歩き回る理由を利用者に確認しましょう。
- どんなときに歩き回るのか知っておくことが大切です。

暴力・暴言への対応
- 利用者の意見・行動が否定♣28されると、暴力・暴言につながることがあります。
- 暴力・暴言の原因を見つけて、利用者の気持ちを知ることが大切です。
- 介護する側に原因がある場合があります。どんなときに暴力・暴言がみられたかチームで話し合って、介護のやり方を考えましょう。

心理症状に対する対応

妄想への対応
- 認知症が進み、どこにものを置いたのか忘れてしまうことがあります。
- 利用者の意見を否定したり、怒ったりしないで、ゆっくり話を聞いて、いっしょに探すなどの対応をしましょう。
- 利用者にとって大事なものを置く場所がわかるように、印をつけるなど、置き場所を間違えないようにしましょう。

幻覚への対応
- 認知症が進むと、まわりには見えないものが、利用者だけに見える場合があります。
- 利用者には、見えているので、「そんなものはない」と否定するのではなく、いっしょに確認して「もういません」などと声かけを行い、安心してもらいましょう。

言葉の意味

- ♣1 認知…わかること
- ♣2 判断…よいかどうか決めること
- ♣3 機嫌…気分がよくて、楽しそうなようす
- ♣4 小刻みに…短い時間をあけて、同じ動作をくり返すようす
- ♣5 思いやり…他の人のことを考えようとする気持ち
- ♣6 繰り返す…何度もする
- ♣7 万引き…お金を払わないで、店から商品を盗むこと
- ♣8 受診…医師に診てもらうこと
- ♣9 診断…医師が患者を診察して、病気の状態を判断すること
- ♣10 初期…すぐのとき
- ♣11 今後…これから
- ♣12 責める…叱る
- ♣13 方向…向いたり、進んだりする方
- ♣14 二つ以上…2より大きいかず
- ♣15 混乱…よくわからない状態
- ♣16 素質…生まれたときから持っているもの
- ♣17 個人的…一人ひとり
- ♣18 要因…おもな原因
- ♣19 暴言…相手が嫌だと思うようなことを、言うこと
- ♣20 暴力…殴ったり、けったりすること
- ♣21 抵抗…言葉や行為で嫌だと表現すること
- ♣22 不潔行為…汚いことをすること
- ♣23 睡眠覚醒リズムの障害…よく眠れないこと
- ♣24 錯覚…思い違うこと。実際と違うように見えたり、聞こえたり、感じたりすること
- ♣25 興奮…喜び、悲しみなどを強く感じて、気持ちがおさえられないこと
- ♣26 依存…他の人に頼って生活すること
- ♣27 妄想…ほんとうではないことを、ほんとうだと思うこと
- ♣28 否定…間違えていると言ったり、認めないこと

Column

言葉は仕事をしながら覚える

　技能実習生が仕事を始めるときに、まず必要な日本語は何でしょうか。技能実習生が最初に覚えなければならないのは「利用者の名前」ではないでしょうか。また、「職員の名前、役職」も知らなければ仕事ができないでしょう。「介護の語彙」というと、専門用語など特別なものを考えがちですが、「利用者の名前」も重要な語彙です。日々の仕事を順に追ってみて、そこで使われている日本語を拾ってみましょう。案外、生活で使う言葉が多いものです。利用者や職員の名前を覚えたら、次は施設内の場所の名前も必要です。場所の名前を教えるときは、施設を案内して、実際に場所を見ながら紹介するとよいでしょう。ものの名前も同様です。「実物を見る」「実際にやってみる」ことで、言葉の意味がよくわかります。使うことで言葉は定着していきます。

Chapter 7 障害の理解

Chapter 7 障害の理解

❶ 障害とは

1 障害は個性[1]
- 障害のある人は、生活がしにくいです。
- 障害のある人の気持ちを理解することが大切です。
- その人に合った生き方があります。
- 障害のある人一人ひとりに合った支援が必要です。

2 自立支援を考えた介護
- 障害があっても、できることがたくさんあります。
- 障害があっても、障害のある人が自分でできることを増やします。
- 障害のある人が、自信を持てるように介護します。
- 障害のある人が、自分の力が使えるように介護します。
- 障害のある人がのぞむ生活ができるように介護します。

> **介護のポイント**
> - 障害のある人の訴え[2]をよく聞きます。理解できるまで何度も聞きます。
> - 自己選択、自己決定[3]をしてもらいます（障害のある人の気持ちを大切にします）。
> - いっしょに悩んだり考えたりすることが大切です。

障害の理解

「障害があってもなくても一人の人間であることに違いはない」という観点は、介護をするうえで大切です。また、ICF（Part1 Chapter1「介護で大切なこと」参照）の視点から、障害のある人の支援を説明しましょう。

障害の受容

病気や事故などで何らかの障害になると、それまでにできていたことができなくなり、自己否定や生きる希望が見いだせなくなってしまうこともあります。「障害があってもできることがある」という価値観が持てるように、心理的なサポートをすることが大切だと伝えましょう。

❷ 障害のある人への対応

１ 肢体不自由（運動機能に不自由がある人）

病気・けがで、手足などに障害があります。言葉が出にくい、はっきりしない発音など、音声・言語障害を伴う※4ことがあります。

生活で注意すること
- 寝返り、起き上がり、座位などの移動で、介護者がからだを支えます。
- 背もたれ、クッションなどを使用し、利用者の姿勢を保ちます。
- 移動のための福祉用具（車いすなど）を使用してもらいます。

２ 視覚障害（目が見えない人、目が見えにくい人）

視力が低下してよく見えません。視野が狭くなってよく見えません（視野狭窄）。ぼやけたり、ゆがんで見えたり、色の違いが、よくわからないことがあります。

視野狭窄の見え方の変化

  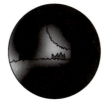

初期　　　　　中期　　　　　末期

障害はさまざま

発語がなく身のまわりのことに全面的な支援が必要な重い障害から、職業生活をほぼ送れる軽い障害の人まで、障害の現れ方には人によって違いがあります。しかし、どんなに重い障害でもそれぞれの特性に合わせた配慮や支援を受けながら、経験や学びをすることで社会参加ができるようになることを技能実習生に説明しましょう。

肢体不自由のある人への対応

介護は本人の依頼を受けてから行うように指導しましょう。中には言語障害がある人もいますので意思を確認し、最後まで話を聞くことが大切です。話を最後まで聞かずに介護してトラブルにならないように指導しましょう。また、必要以上に子ども扱いすると不快に思う人もいるので、支援の際は気をつけましょう。

生活上の注意

からだ中のいろいろな関節に痛みや変形がある場合、一つひとつの動作に時間がかかります。また、からだに触れられるだけで痛みを感じる場合もあります。痛みに耐えながら生活していることを理解してもらえるよう指導しましょう。

視覚障害のある人の誘導方法

誘導の希望があればその人の状態に合わせて介護するように指導しましょう。視覚障害のある人の横半歩前に立ち、腕をつかんでもらいスピードに気をつけながら案内します。身長差がある場合は、肩に手を置いてもらってもよいでしょう。

説明の仕方

説明するときには「あそこ」「そっち」といった指示や、「赤い看板」といった視覚情報を表す言葉は避け、具体的な方向や距離を示すように指導しましょう。
例）「右に10ｍ行った左側にお店があります」

わかったふりをしない

うまく話せず聞きとりにくい人には、わかったふりをせず、もう一度話してもらったり、紙に書いてもらったりして、意思を確認するように指導しましょう。

また、技能実習指導員は、その人の特徴を教えたり、あとで会話の内容を説明するなど技能実習生をフォローしてあげましょう。

生活で注意すること

- 視覚障害のある人は、移動の支援が必要です。
- 移動方法は、白杖の歩行、ガイドヘルプ（手引き歩行）、盲導犬との歩行、視覚障害者誘導用ブロックを使った歩行があります。
- コミュニケーションは、白杖、点字、音声ガイドなどを利用します。
- 視覚障害のある人が、困っていること、必要な支援を確認しながら介護します。
- まわりのものの位置を教えて、自分でできることを増やします。

 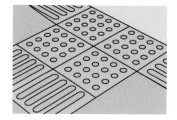

白杖　　　　　　　視覚障害者誘導用ブロック

3 聴覚・言語障害（耳が聞こえない人、耳が聞こえにくい人、話すことに不自由がある人）

聴覚の機能に障害があるために、話す言葉が聞こえません。よく聞こえないために、聞く、話す、読む、書くなどに障害があります。

生活で注意すること

補聴器の使用、筆談、読話、手話などを使って、コミュニケーションをして利用者の気持ちを理解します。

■ 補聴器の種類

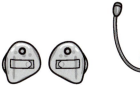
耳穴型

マイク分離耳穴型

耳掛型

箱型

■ 聴覚言語障害のある人とのコミュニケーションの種類

筆談

読話

手話

4 からだの内部（臓器）の働きが低下している人

からだの中のいろいろな臓器に障害があります。たとえば、心臓、呼吸器、腎臓、肝臓、膀胱・直腸、小腸の病気などがあります。さまざまな医療機器を使っているので、介護するときは技能実習指導員や医療職に確認しましょう。

心臓の機能低下
- 心臓の機能が低下して、全身に血液を送ることがうまくできません。
- ペースメーカという機械を胸部に入れています。
- 空港のセキュリティチェック、変電所、携帯電話などの強い電磁波を発生する機器類を近づけないようにしましょう。

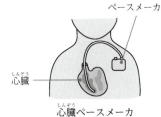
心臓ペースメーカ

補聴器の扱い方

補聴器のタイプはいろいろありますが、非常に小さいタイプのものはティッシュにくるんで捨ててしまったり、落としてしまったり、補聴器の電池だけとれて紛失するなどのトラブルが多いです。取扱いについては十分に気をつけるよう指導しましょう。

内部障害の理解

内部障害のある人は、外見から障害がわからないことが多いです。まずは、利用者の名前と特徴を覚えるように指導しましょう。

心臓機能障害の症状

心臓機能障害では、動悸、息切れ、疲れやすいなどの症状があり、他の病気や風邪を引きやすくなることを説明しましょう。

呼吸器の機能低下

- 呼吸が十分[5]にできなくなったときに酸素濃縮装置を使っています。
- 感染予防が大切です。
- 風邪の予防をのために室内の空気清浄[6]を行います。
- 停電したときのために準備します（予備[7]バッテリー、予備酸素の確保[8]）。

酸素濃縮装置

腎臓の機能低下

- 腎臓の病気の場合、週に2〜3回、人工透析の治療をします。
- 人工透析は、腎臓の働きが低下したために、腎臓に代わって装置を使って、血液をきれいにする治療方法です。
- 利用者が規則正しい生活をできるように介護します。
- 食事に注意します。

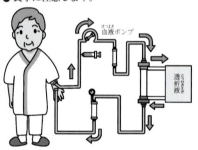

血液透析のしくみ

小腸の機能低下

- 口からの食事で必要な栄養をとっても、消化・吸収ができなくなります。
- 図のように血管から直接栄養を補給[9]します。
- 口から食事をしない場合でも、毎日必ず口腔ケアを行うことが必要です。
- できるだけベッドから起きてもらい、楽しみや趣味など、活動を増やす介護をします。

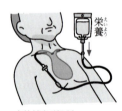

中心静脈栄養（TPN）

中心静脈栄養（TPN）

中心静脈栄養は、からだの中の太い静脈に管が入っている状態です。引っ張るなどして、万が一切れてしまった場合に体内に管が残ってしまい大事になってしまいますので、管が手に届かないような配慮や、直接見えないように工夫するように指導しましょう。

膀胱・直腸の機能低下

- 膀胱・直腸の病気の場合、手術でお腹に新しい、便や尿の排泄の出口をつくります。この出口のことをストーマといいます。
- ストーマには、図のように人工肛門（便の出口）と人工膀胱（尿の出口）があります。
- ストーマのある人は、排泄がいつも気になって、羞恥心[10]や排泄物がもれるという不安があります。障害を受け入れられないことがあります。
- 介護職の言動[11]で、障害のある人が、嫌な気持ちにならないように気をつけましょう。

ストーマの注意点
① 排泄物を処理するときは、手袋を使います。終わったら必ず手を洗います。
② ストーマの異常に気づいたときは、すぐに医療職へ連絡します。

人工肛門（消化管ストーマ）

人工膀胱（尿路ストーマ）

肝臓の機能低下

- 肝臓の機能に障害のある人は、からだの不調[12]が多いです。
- いろいろな不安やつらいことがあります。

膀胱・直腸機能障害の特性

膀胱・直腸機能障害では、下剤での排便、おむつや管による排尿など、排便や排尿のコントロールが必要です。

気をつける言葉

たとえば「くさい！」「うわ！」などの言葉は障害のある人を不快にさせてしまうことがあります。

知的障害のある人の特性

集中力が弱いため落ち着きがなかったり、人の話が聞けなかったりします。根気強く話を聞くように指導しましょう。また、知的障害のある人は、自己コントロールが弱く、我慢ができなかったり、すぐ泣いてしまうことがあります。

精神障害のある人への対応

一度にたくさんのことを言われると混乱するので、「ゆっくり」「ていねいに」「くり返し」説明し、内容が理解されたことを確認しながら対応するように指導しましょう。

精神障害のある人の生活上の注意

強い口調で声かけせず、穏やかな口調で対応するように指導しましょう。相手に考えてもらう余裕や安心感を与える工夫を心掛けます。

---

5 知的障害

知能の発達に遅れがあり、生活をするのに不自由があります。

生活で注意すること

- 知的障害の状態は、軽度から重度まであります。
- 知能に障害があっても、できることがたくさんあります。
- 利用者の気持ちを確認して、活動に参加できるようにします。
- 意欲♣13 が出るように支援します。
- 利用者が自分で生活できるように支援します。
- 介護職はわかりやすい言葉でコミュニケーションをします。

6 精神障害

脳の働きの異常♣14 や障害によって、こころやからだ、行動に変化が出ます。

■ 精神障害のある人のおもな症状

幻想や妄想

人の表情がわからない

人間関係の不安

生活で注意すること

- こだわり♣15 や生活方法や考え方を認めて、受け入れます。
- できることや長所♣16 を生かす生活支援をします。
- 就学♣17、就労♣18 支援をします。
- 薬が飲み続けられるように支援します。

精神障害のある人との関わり方

　精神症状のある人はストレスに弱く、対人関係やコミュニケーションが苦手な人が多いです。外見からはわかりにくく、障害について理解されず孤立してしまったり、病気のことを他人に知られたくないと思っている人も多いです。また周囲の言動を被害的に受けとめ、恐怖感を持ってしまう人、何度も同じ質問をくり返したり、つじつまの合わないことを一方的に話す人もいます。そのような特性から、技能実習生から話をするのが難しい場面も多いかと思いますので、技能実習指導員がフォローするようにしましょう。

言葉の意味

- ♣1 **個性**…一人の人だけが持っている性格
- ♣2 **訴え**…苦しいこと、不満なことをいうこと
- ♣3 **自己選択・自己決定**…自分で選ぶ、自分で決める
- ♣4 **伴う**…いっしょにある
- ♣5 **十分**…足りないものがない状態
- ♣6 **清浄**…きれいにすること
- ♣7 **予備**…必要になったときに使えるように準備しておくこと
- ♣8 **確保**…しっかりと自分のものにすること
- ♣9 **補給**…足りないものを足りるようにすること
- ♣10 **羞恥心**…はずかしい気持ち
- ♣11 **言動**…言葉や行動
- ♣12 **不調**…調子がよくないこと
- ♣13 **意欲**…やりたいという気持ち
- ♣14 **異常**…ふつうの状態ではないこと
- ♣15 **こだわり**…とても気になっていること
- ♣16 **長所**…よいところ
- ♣17 **就学**…学校に通うこと
- ♣18 **就労**…働くこと

介護の概念を説明する

技能実習生の出身国には、「介護」という職業がない国が多いです。「日本の介護」の考え方を理解してもらいたくて説明しても、経験がないことを理解するのは難しいと思います。たとえば、Part1 Chapter1の「利用者主体」「自立支援」などは、技能実習生が毎日している仕事の何にあたるのかを説明すると、理解しやすいと思います。

―――――――――――――― **参考文献** ――――――――――――――

・日本認知症ケア学会編『認知症ケア標準テキスト　認知症ケアの基礎』株式会社ワールドプランニング、2004
・長谷川和夫『認知症の知りたいことガイドブック ── 最新医療＆やさしい介護のコツ』中央法規出版、2006
・初任者研修テキストブック編集委員会編『介護職員初任者研修テキスト』ミネルヴァ書房、2016
・杉山孝博『認知症の9大法則　50症状と対応策』法研、2013
・NPO法人地域ケア政策ネットワーク編『認知症サポーター養成講座標準教材　認知症を学び地域で支えよう』全国キャラバン・メイト連絡協議会、2016
・認知症ねっとホームページ、https://info.ninchisho.net（最終閲覧日：2019年3月1日）

Part 2

介護の仕事に必要な知識と技術

Chapter 1 身じたくの介護

身じたくの介護の理解
身じたくを整えることは人と人が関わるうえで重要なことです。身じたくの介護は、利用者が自立した生活を営むうえで、その人なりの自己表現をするために必要な支援であることを説明しましょう。

身じたくの習慣（こだわり）
利用者の習慣（こだわり）や順番をまず確認するように指導しましょう。
・洗面について、石けんを使うかどうか、顔を洗うタイミング
・歯磨きについて、義歯（入れ歯）かどうか、歯磨きのタイミング、介護が必要かどうか、口腔ケアグッズは必要かどうか　など

生活習慣の確認
利用者の生活習慣をケアプランで確認したり、一つひとつ利用者に声かけ・確認し、身じたくのサポートをするように指導しましょう。意思表示ができない利用者の場合、家族から情報をもらうケースもあります。

衣服の着脱
何でも介護するのではなく、できることは利用者にやってもらい、自立支援を促すように指導しましょう。麻痺がある利用者の衣服着脱の介護については、P.84〜91を参照してください。

Chapter 1 身じたくの介護

❶ 身じたくの介護を行う前に

1 身じたくの意義

私たちは朝起きて顔を洗って、歯を磨きます。化粧をしたりひげをそったり、目的に合わせて衣服を着替えます。これを身じたくと言います。身じたくは、人が日常生活や社会生活をするために大切なことです。きちんと身じたくをすることを、「身だしなみを整える」と言います。

> **なぜ？**
> 身じたくをすることで「自分らしさ[※1]」を表現することができて、よい気持ちで活動をすることができます。

2 身じたくの種類

身じたくの介護には、衣服の着脱（着替え）と整容があります。

衣服の着脱

衣服は利用者に選んでもらいましょう

外国人介護職の衣服着脱の介護の事例

インドネシア出身のEPA外国人介護職は、出身国の看護師の資格を持っていることが多くあります。その看護経験から、拘縮がある利用者に対して着脱が楽になるよう一回り大きめの衣服や、生地が伸びるタイプの衣服を選ぶなどの工夫をしていました。それに対し、フィリピンの出身の外国人介護職は、出身国のケアギバーの資格を持っていることがあります。しかし、拘縮がある利用者への対応がまったく初めてだったので、どこまで力を入れたらよいのかわからず、拘縮の可動域に悪戦苦闘していました。

このように出身国によって経験の有無、理解度や工夫に差があるかもしれませんが、一生懸命学ぶ姿勢に差はありません。はじめに根拠に基づいた介護を指導することが大切です。

整容

整容とは、顔を洗ったり、化粧をしたり、髪を整えたりと自分の姿をきちんとすることです。

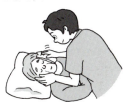
顔の清拭

洗面

自分でできるところはしてもらうことが大切です

整髪

化粧

人が「いつもきれいでいたい」という気持ちは、歳を取っても変わりません

ひげそり

電動かみそり（シェーバー）を使います

つめきり

つめを切り過ぎないように注意します

整容

整容は利用者の意欲の向上、身体の清潔保持につながります。朝の整容は、利用者が1日を気持ちよく始められるように指導しましょう。

❷ 衣服の着脱の介護

朝起きたとき、夜寝るとき、外出するときなどに、衣服を着たり脱いだりする介護をします。

衣服は利用者の好み[3]を考えて、利用者に選んでもらうことが大切です。好きな色、柄、デザイン（形）の衣服を利用者が選んで、楽しい気持ちで生活できるように支援しましょう。

1 衣服の種類

日本の季節に合わせた衣服

日本の衣服は「春夏もの」と「秋冬もの」に大きく分かれます。

春

夏

秋

冬

| 薄い布の長そでと長ズボン | 半そでと半ズボン（Tシャツとハーフパンツ） | 厚い布の長そでと長ズボン | ジャンパーや手袋、マフラーなどの防寒具[4] |

利用者の状態に合わせた衣服

- 下着やパジャマはやわらかくて吸湿性[5]・通気性[6]のあるものが好まれます。
- 上着は、前開きのもの、開閉がしやすいもの、ゆとりがある[7]ものがよいです。
- ズボンは、股がみが長く、ウエストにゴムが入っているものがよいです。

股がみが長いズボン

前開き
マジックテープ

スナップボタン

着脱しやすい衣服には、たくさんの種類があります

日本の季節に合わせた衣服

技能実習生は出身国によって季節感が異なります。日本の一般的な季節感を説明したうえで、季節に応じて服装を選ぶ楽しさもあるので、季節に合った服、色や形などを利用者に選んでもらうように指導しましょう。

施設内は空調管理が整っており1年中快適なため、利用者は季節感がないことが多いです。真夏でも冬の服装をしたり、真冬でも薄着の利用者もいます。日中はなるべく窓を開け空気の入れ替えをし、寒暖を感じてもらうようにしましょう。

利用者の状態に合わせた衣服

利用者の残存機能に合わせた服を選んでもらえるように指導しましょう。すべてを介護職が世話するのではなく、利用者の自立につながり、少ない介護で着脱ができるようになります。

また、日本の衣服は外国に比べてサイズが小さいので、衣服を選ぶ際に注意するよう技能実習生に説明しましょう。

Column

日本と海外の生活スタイルの違い

来日する技能実習生の自国での暮らしと、日本での暮らしは異なります。ベトナムやインドネシアなどの気候は熱帯であり、気温は1年を通して30℃程度になるところも多いです。日本の冬の寒さに対応するためには、室温の調整や暖房器具の活用、適切な衣類を選び保温するなど、日本の気候に慣れるための細かいアドバイスが必要です。

また、周囲との摩擦が生じないよう、日常生活で生じるゴミの分別などは、理解できるまで丁寧に説明し、ときには実行できているかどうかチェックするなどの対応も検討しましょう。地域によっては「外国人はルーズだ」との先入観があるかもしれませんが、暮らし方の違いから生じる誤解ともいえます。

2 衣服の整理

洗濯

- 清潔[*8]な衣服を保つ[*9]ために、洗濯をします。
- 施設では、利用者の衣服をまとめて洗濯することが一般的[*10]です。
- 利用者の衣服を間違えないように、洗濯する前と後に必ず確認をしましょう。
- 衣服の材質[*11]に合った洗剤や漂白剤[*12]を使用しましょう。
- 乾燥機を使うと縮んで[*13]しまう衣服もありますので、注意しましょう。

家庭洗濯

漂白

乾燥

アイロン

クリーニング

基本の洗濯表示を覚えましょう

衣服の整理

- 洗濯物が乾いたら、きれいにたたんで利用者のタンスなどにしまいます。
- 衣服の種類でしまう場所が変わります。
- 衣服がいつものところにないと利用者は困ります。必ず元のところにしまいます。

■ 衣服のたたみ方の例

①シャツのたたみ方

②ズボンのたたみ方

③くつ下のたたみ方

洗濯

　衣服のタグに洗濯表示が記載されているので、しっかり覚えるように指導しましょう。また、利用者の衣服は、一度に大量の洗濯・乾燥をするので、他の利用者の衣類と混ざり紛失することもあります。わかりやすい場所に名前や印を付けるようにします。施設によって名前や印のルールがあると思いますので、確認するように指導します。

衣服の整理

　利用者それぞれに衣服をしまいやすく、取り出しやすい場所があります。自立を支援するためにも、利用者の身体状況に合わせて、衣服の場所を確認するように指導しましょう。

　また、整理のとき衣服に破損や汚れ、ボタンのはずれなどがないかチェックするように指導しましょう。利用者の安全や快適さを保持するうえで重要です。

利用者の部屋に入る

技能実習生は利用者との距離感がつかめていないこともあります。介護をする前に、必ず「失礼します」や「お邪魔します」など声をかけてから部屋に入るように指導しましょう。利用者の部屋は、利用者の「家」でもあるので、プライバシーを守る必要があります。衣服の着脱を人に見られることは、羞恥心や抵抗感がともないます。何も言わないでいきなり扉やカーテンを開けないように指導しましょう。

からだが動かしにくい利用者

麻痺等はないが、からだが動かしにくい利用者に対しては、その人のからだの状態に合わせて着脱する側を判断します。

3 座位での上衣（上着）の着脱の介護（一部介助♣14）

① 利用者の体調を確認します。
② 利用者に介護の内容を説明して、同意を得ます。
　次のような利用者の状況を理解しておきましょう。

- 衣服を準備すれば、自分で着替えることができるか。
- 着替える順序を説明すれば、自分で着替えることができるか。
- 上の方のボタンは自分でとめられるか。
- 下の方のボタンは自分でとめられるか。

③ 利用者の好みに合わせて、衣服を選んでもらいます。

利用者が選んだ衣服が、季節や部屋の温度に合っているかを確認しましょう

なぜ？
「寒がり」→暑い季節でも重ね着♣15をしたがる人
「暑がり」→寒い季節でも薄着♣16をしたがる人
介護職が気をつけないと体調を悪くしてしまうかもしれません。

④ 他の人から肌が見えないようにします。

プライバシー♣17を守ったり保温のために、スクリーンやバスタオルなどを使うこともあります

⑤ 衣服を脱ぐときは、健側から脱いでもらいます（脱健着患）。

患側（麻痺や痛みがある部分）
健側

なぜ？
患側への負担♣18が軽くなります。

介護職は利用者ができないところを支援します（自立支援）

⑥衣服を着るときは、患側から着てもらいます（脱健着患）。

介護職は利用者ができないところを支援します（自立支援）

⑦衣服のしわやたるみを整えます。新しい衣服に着替えても、しわやたるみがあると、きれいに見えません。

しわやたるみがあると、利用者は着心地[19]が悪いです

⑧利用者に衣服の着心地、体調の変化と痛みの有無を確認します。

声かけのポイント（⑤－⑥）

介護職は次の介護をするときには、必ず声かけをしましょう。
・健側から衣服を脱がせるとき
・患側から衣服を着せるとき
・ボタンをとめたり、ファスナーをするとき

かぶりタイプの服の場合

かぶりタイプの服を着脱する場合は、頭からかぶってもらい腕を袖に通します。前開きの服とは順番が違うことを説明しましょう。

利用者の意向を確認する

どこまでを利用者に行ってもらい、どこまでを介護職が支援するのか利用者の意向を確認して、同意を得ることが重要だと説明しましょう。

ズボンの着脱の介護

どうしても下を向いての介護になってしまいますので、利用者の顔や全身状況を見ながら介護することを心掛けるよう指導しましょう。介護に慣れていない技能実習生は、足元ばかりに集中してしまうと上半身の動きが見えないため、体調の変化に気づけず事故につながる可能性も考えられます。

立位の注意点

利用者に立位になってもらう際は、転倒に気をつけるように指導しましょう。

---

4 座位でのズボンの着脱の介護（一部介助）

①利用者の体調を確認します。
②利用者に介護の内容を説明し、同意を得ます。
③利用者の好みに合わせて、衣服を選んでもらいます。

> 好みの衣服を着ると、楽しい気持ちで生活できます

> 利用者の衣服の好みを知ることも大切です

④他の人から肌が見えないようにします。

> プライバシーを守ることは、とても大切です。利用者が安心します

⑤ズボンを脱ぐときは、健側から脱いでもらいます。

> 立位ができる利用者は、立位になってもらうと介護しやすいです

⑥ズボンを履くときは、患側から履いてもらいます。

> 床は清潔ではないので、新しいズボンが床につかないように気をつけましょう

⑦ズボンのしわやたるみを整えます。新しいズボンを履いても、しわやたるみがあると、きれいに見えません。

> 上着をズボンの中に入れるか、外に出しておくのかも確認しましょう

⑧利用者にズボンの履き心地[20]、体調の変化と痛みの有無を確認します。

5 ベッド上（仰臥位）での上衣（上着）の着脱の介護

「座位での着脱」のときと同じ①〜④の手順で行います。
① 利用者の体調を確認します。
② 利用者に介護の内容を説明し、同意を得ます。
③ 利用者の好みに合わせて、衣服を選んでもらいます。
④ 他の人から利用者の肌が見えないようにします。
⑤ ベッドは、利用者が座って足底がしっかり床につく高さにします。

ベッド上での介護

ボディメカニクスの理解とともに、技能実習生自身の腰への負担も考え介護するように指導しましょう。利用者がベッドに横になったら、介護しやすい高さまでベッドを上げ、腰への負担を減らします。ベッドの高さを変えない場合は、ひざをベッド上につき、中腰にならないように指導しましょう。利用者が座って足底が床につくよう、最後は必ずベッドの高さを元に戻します。

ベッド上での上着の着脱の介護

技能実習生の理解を深めるために、技能実習指導員自らが利用者役となって、実際にベッド上での着脱の介護を体験してもらいましょう。上着は前開きの服とかぶりタイプの服の両方を体験してもらうとよいでしょう。

⑥介護職は健側のそでを脱がせて、脱いだ衣服は内側に丸め込むようにして利用者のからだの下に入れます。

> **なぜ？**
> 衣服をからだの下に入れることで、何度も体位変換する必要がないので、利用者に負担がかかりません。

⑦健側が下になるように利用者に側臥位になってもらって、介護職は利用者のからだの下に入れた衣服を引き出します。

> 強く引っ張らないように気をつけましょう

> ⑥がきちんとできていれば、力を入れなくても引き出せます

⑧介護職は患側のそでを脱がせます。

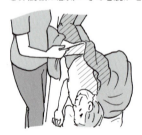

> 患側は下から支えましょう

> **なぜ？**
> 上からつかむことは痛みや不快感を与えて、下から支えることは丁寧だと感じる人が多いです。

⑨介護職は、着替え用の衣服の患側のそでに腕を通して⑥と同じように利用者のからだの下に入れます。

⑩利用者に仰臥位になってもらって、利用者のからだの下から衣服を引き出して健側のそでに腕を通します。

> 無理に力強く引っ張らないように気をつけましょう

> 衣服の背中部分の中心と利用者の背中の中心が合うようにして、引き出します

⑪衣服のしわやたるみを整えます。

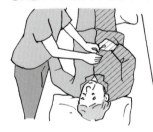

> なぜ？
> 臥床のときのしわやたるみは、からだの一部分が押されて血液の流れを悪くします。褥そうをつくる原因にもなります。

⑫利用者に着心地、体調の変化と痛みの有無を確認し、ベッドの高さを元に戻します。

> ベッドの高さは忘れずに元に戻しましょう

89

着脱の介護時の観察の視点

着脱の介護は肌の観察ができる機会でもあります。利用者の肌が乾燥していないか、赤くなっていないか、褥そうはないかなど観察することが大切だと指導しましょう。

6 ベッド上（仰臥位）でのズボンの着脱の介護

「座位での着脱」のときと同じ①〜④の手順で行います。

①利用者の体調を確認します。
②利用者に介護の内容を説明し、同意を得ます。
③利用者の好みに合わせて、衣服を選んでもらいます。
④他の人から利用者の肌が見えないようにします。
⑤介護しやすいベッドの高さにします。

> ベッドの高さは利用者に確認しながら変えるようにしましょう

> なぜ？
> 介護職も腰痛予防*21 など、からだの安全に気をつけることが大切だからです。

⑥介護職は健側のズボンを脱がせます。

> 腰を上げることができる利用者には、腰を上げてもらうとスムーズです

> 健側の足底に力を入れてもらうと腰が上げやすくなります

⑦利用者の腰を上げ、ズボンを両足とも足首まで下げてから介護を行うと、利用者のからだに負担がありません。

> 腰を上げるときは「いち、にの、さん」などの声をかけましょう

⑧履いてもらうときは、ズボンのすそから介護職の手を入れ、利用者の足底に手を添えます。

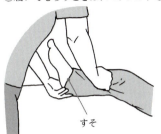

すそ

> ズボンがよれない（曲がらない）ように、まっすぐ丁寧に履かせます

⑨利用者に履き心地、体調の変化と痛みの有無を確認し、ベッドの高さを元に戻します。

> ベッドの高さは忘れずに元に戻しましょう

❸ 整容の介護

1 洗面

朝起きたとき、顔を洗う介護をします。顔を清潔にすることで、気持ちよくなります。

> モーニング・ケアとも言います。朝、目が覚めたら最初にまず、顔を清潔にしたいと思う利用者はたくさんいます

洗面する環境と道具

洗面所

> 朝の清潔感は、一日の生活を楽しいものにします

洗面

洗面所で顔を洗う場合、車いすの利用者は鏡が見えづらいことがあります。立位が可能な利用者には、洗顔後に立って鏡を見てもらうと生活リハビリにもつながります。その際は、しっかりと見守りや支えるなどの立位の介護を行うように指導しましょう。

洗面の介護（利用者が自分で洗顔できる場合）
①車いすに乗っている場合、ブレーキがかかっているか確認します。
②フットサポートをあげ、足底が床についているか確認します。

> ①、②の安全確認ができていても、洗面所の床は滑りやすい場合があります

> 細かいことにも注意して安全に気をつけましょう

> 気持ちのよい朝が迎えられるように介護しましょう

床が濡れていたら拭き取ります

2 顔の清拭

自分で洗面できない利用者には、顔の清拭をします。顔を拭くことは、血液の流れをよくします。

顔の清拭の手順
①利用者の体調を確認します。
②利用者に介護の内容を説明し、同意を得ます。
③介護職はタオルなどを少し熱いお湯（38℃～40℃）で濡らして、かたく絞ります。顔を拭くときに、40℃前後の温度になるようにします。
④介護職が自分の手で熱くないか確認します。
⑤タオルなどを利用者に渡し、熱くないか確認してもらいます。
⑥利用者の姿勢が安定していることを確認します。
⑦利用者が自分で拭けるところは拭いてもらいます。

> 顔を拭くためのタオルは、蒸し器を使用して用意する施設もあります

顔の清拭

ベッド上で生活している利用者や、体調が悪く洗面所で整容ができない利用者には、温かいタオルで顔を拭くように指導しましょう。暑い夏場などは、利用者に確認したうえで、冷たいタオルで顔を拭いてもよいです。

⑧介護職が手伝う場合は、タオルの使い方、拭く順番に気をつけます。
● 目のまわりを拭くときは、目頭から目尻に向けて拭きます。
● タオルは使うところを変えて拭きます。

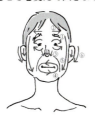

⑨利用者にもっと拭いてほしいところがないかを確認します。
⑩最後に利用者の体調の変化と痛みの有無を確認します。

介護のポイント
顔の清拭を行うときは、ひたいから鼻、耳のうしろは、皮脂や汚れがたまりやすい部分なので特に丁寧に拭くようにしましょう。

3 整髪
①利用者に楽な姿勢*23になってもらいます。
②髪が服に落ちないように、肩にバスタオルなどをかけます。
③頭皮をブラッシングすることは、血液の流れをよくします。

どのような髪形を好む利用者なのかをよく知っておきましょう

なぜ？
生活意欲の維持*24や向上*25になります。

身だしなみとオシャレ

　整髪やひげそりなど、身だしなみを整えることは万国共通の習慣といえますので、外国人が日本にきてビックリするようなことは少ないと思います。ただ、海外では男女ともに香水をつける人やピアスを開ける人が多くいますので（子どものころにピアスを開ける人もいます）、日本人のほうがビックリすることもあります。このようなオシャレに関しては、外国人のほうが敏感かもしれません。

ひげそり

ひげを伸ばすことが好きな人、適度に残したい人など利用者によって好みはさまざまです。利用者の生活習慣や好みを知り、できないところを介護するように指導しましょう。

4 ひげそり

男性にとって毎朝のひげそりは、生活習慣です。
- 施設では電動かみそり（シェーバー）でひげそりをします。
- ひげは1日に約0.4mm伸びるので、1日1回はひげそりを行います。

ひげそりの道具

電動かみそり（シェーバー）　　シェービングジェル　　ローション

個人のものを使います

・ひげそりから肌を守ります
・ひげそり後の肌を保湿[26]します

ひげそりの介護

①利用者の口のまわりをきれいに拭きます。

②利用者のしわを伸ばしながら、シェーバーでひげをそります。そっていないひげがないように気をつけましょう。

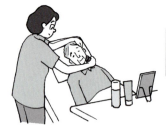

曲がっているところは、皮膚を伸ばした状態にしてそりましょう

顔の表面に対してシェーバーを90度（直角）に当てるとそりやすくなります

③そった後に、顔の表面に残ったひげを拭きとります。

④ひげそり用のローションなどで皮膚を保護[27]します。

5 つめきり

つめは1日に約0.1mm伸び、足より手の方が早く伸びます。つめは手入れをしないと変形し、皮膚や衣服に傷をつくることがあります。
利用者の清潔保持と安全のためにも、つめの手入れは必要です。

つめきりで使用する道具

つめきり

つめやすり

つめやすりは、つめきりに付いているものもあります

つめきりの介護

①つめや皮膚の状態をよく観察します。
②皮膚を傷つけないように注意します。
③切りすぎないようにつめを切ります。
④角がでないようにつめやすりをかけます。

○ スクエアオフ　× 深づめ　× バイアス切り

つめやすりをかける

介護のポイント

つめや皮膚に異常があるときは、医療職がつめを切ります。

つめきり

目が見えにくい、手指の力がない利用者の場合、自分でつめきりをすることは難しいです。まずは、利用者のつめの状態を確認し、必要なものを準備するように指導しましょう。たとえば、硬く厚いつめの利用者には、ハサミ型やニッパー型のつめきりを準備します。また、巻きづめや白癬などつめに疾患がある場合は、看護師や医師に相談し対応するように指導しましょう。

化粧

化粧の仕方については、日本と外国の間に差はないので、積極的に支援するよう技能実習生に指導しましょう。化粧の支援をすることによって、笑顔を引き出すなどコミュニケーションのきっかけにもなります。

化粧をするのは女性が多いですが、保湿は男女問わず重要です。とくに唇の保湿状況を確認するように指導しましょう。

6 化粧

化粧は、女性にとって大切な身だしなみです。気分をよくしたり、自分を表現[28]する方法です。利用者の希望があれば化粧の支援をします。

❹ 口腔ケア

毎日の生活の中で、起床時、食事後、就寝前というように歯磨きはあたりまえ[29]のように行っている行為と言えます。歯磨きなど、口の中を清潔に保つ介護のことを口腔ケアと言います。

口腔ケアは、口の中をきれいにするだけでなく、いろいろな目的と効果を持っています。

1 口腔ケアの目的と効果

● 虫歯を予防します。
● 歯周病を予防します。
● 唾液の分泌を促進[30]して、口腔内の乾燥を予防します。
● 味覚を保って、食欲がでるようにします。
● 気分を爽快にします。
● 口臭を予防して、人との関係がよくなるようにします。
● 口腔機能（咀しゃく・嚥下、発音、呼吸など）をよくします。
● 誤嚥性肺炎を予防します。

2 口腔ケアの方法

歯磨き

汚れた歯の表面についている歯垢は、歯の病気の原因になります。

歯垢は歯ブラシなどを使って歯磨きしないと取ることができません。口腔ケアの基本は、歯ブラシを使った歯磨きです。

歯磨きの手順

①介護職は手を洗って、清潔にして手袋をします。

> 食事をした後に、口の中を清潔にする介護をします

②利用者の姿勢を整えます。座位姿勢であごを引いてもらいます。

> なぜ？
> あごが上がっていると唾液や口腔ケア用の洗浄剤が気管に入り、誤嚥しやすくなります。

③介護職もいすに座って、目線を合わせた高さで介護します。

④うがいをしてもらいます。

> 自分でうがいができる利用者にはうがいをしてもらいます

⑤自分でできるところは自分で磨いてもらいます。

⑥介護職が歯ブラシを持ち、歯、歯と歯肉の間、歯の裏側を丁寧に磨きます。

> 歯と歯の間は汚れやすいので注意します

⑦口の中に食べ物が残っていないかを確認します。残っている場合は、もう一度、利用者に磨いてもらいます。必要のあるときは、介護職が磨きます。

⑧自分でうがいができる利用者には、うがいをしてもらいます。

⑨口の中の腫れ*31や出血がないかを確認します。出血など異常がある場合は医療職に報告します。

口腔ケアの重要性

　高齢になると誤嚥性肺炎が原因で入院したり、死亡につながるケースも少なくありません。技能実習生には、口腔ケアで誤嚥を防ぐことの重要性をしっかり伝えましょう。

歯磨きの介護のポイント

● 歯ブラシはペングリップ（鉛筆の持ち方）で持ちます。

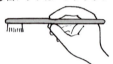

> **なぜ？**
> 力が調整しやすく、毛先をあてやすいです。

● 歯ブラシをあてるときは、歯ブラシの毛先を歯に対して90度にあてます（①スクラビング法）。歯と歯肉の間は45度にあてます（②バス法）。

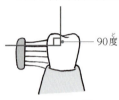 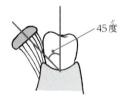

①スクラビング法　　　　　　②バス法

● 歯ブラシを動かすときは、力を入れすぎないように注意し、小さく動かしながら一本ずつ丁寧にブラッシングします。

> **なぜ？**
> 歯ブラシを大きく動かすと毛先が折れて、歯面がうまく磨けません。また、歯の表面を傷つけてしまいます。

● 奥歯は磨き残しやすいので、歯ブラシの先端の部分を使います。

● 前歯の裏側も歯磨きをします。
● 歯と歯の間はデンタルフロスや歯間ブラシを活用するとよいです。

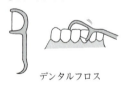

デンタルフロス　　　　　　歯間ブラシ

口腔ケア用品

技能実習生は、口腔ケア用品に豊富な種類があることに驚くと思います。まず、ケア用品一つひとつの名前と特徴を説明しましょう。はじめは、利用者の身体状況にどのケア用品が適しているかがわからないと思うので、この利用者にはなぜこのケア用品を使うのかという根拠を説明することで理解が深くなります。

口腔清拭

口腔内の炎症がひどいなどの理由で、歯ブラシで歯磨きができない、うがいができない場合は、スポンジブラシを使用したり、ガーゼを指に巻いて口腔内を拭く口腔清拭を行います。

スポンジブラシ

舌もスポンジブラシを使用したり、専用の舌ブラシを使用して舌の表面についている舌苔※32を取ります。

舌専用ブラシ

③ 義歯（入れ歯）の管理

義歯（入れ歯）は、歯の欠けている※33部分を補う目的で使用します。義歯（入れ歯）の役割は咀しゃく機能を維持・向上させる以外にも、発音機能や見た目にも影響します。

義歯（入れ歯）の種類
- ●総義歯（総入れ歯）
- ●部分義歯（部分入れ歯）

総入れ歯
クラスプ
部分入れ歯

食事をした後に、入れ歯を洗い、容器に保管します

義歯（入れ歯）

技能実習生は、総義歯をしている人をあまり見たことがないかもしれません。義歯を口の中からどうやって、どのくらいの力加減で取り出し、また入れるのか、技能実習指導員が見本を見せたうえで指導しましょう。

義歯（入れ歯）の装着方法

- 義歯（入れ歯）を入れるときは、大きい上あごから先に装着し、はずすときは小さい下あごから先にはずします。
- 下あご用の総義歯（総入れ歯）は、前歯の部分を引き上げることで、簡単にはずすことができます。
- 上あご用の総義歯（総入れ歯）は、上あごにしっかりついているため、前歯の部分を持ち、空気を入れるように入れ歯の後ろを押し下げ、左右に回転させながら力を加えてはずします。
- 部分義歯（部分入れ歯）は、クラスプにつめをかけ、下あご用は上に引き上げるように、上あご用は下に引き下げるようにはずします。装着時は噛まないように、指で金具部分を押し込んで装着します。
- 義歯（入れ歯）を入れるとき（はずすとき）は、両手を使います。

上あご義歯（総入れ歯）　　下あご（部分入れ歯）　　上あご（部分入れ歯）

クラスプ

※手袋と片方の手は省略している。

介護のポイント
歯磨きと同じように、義歯の装着も利用者ができることはしてもらいます。

義歯（入れ歯）の清掃と保管

義歯（入れ歯）も細菌が繁殖しやすいため、手入れが大切になります。
食事の後にはずして、義歯用歯ブラシを使って、流水で洗います。落としてこわさないように、水を張った洗面器を下に置いておくと安心です。

介護のポイント
義歯（入れ歯）は、乾燥すると割れやすくなるので、保管するときは、入れ歯用の容器に入れ、清潔な水や義歯用洗浄剤を入れます。

認知症の利用者の場合

義歯は、認知症のある利用者が紛失してしまう可能性があるので、保管する場所や保管方法などを決めておくように指導しましょう。

また、認知症のある利用者は、自分が何をされるか理解できないと嫌がることを説明しましょう。

言葉の意味

- 1 〜らしさ…人やものの特徴
- 2 〜過ぎる…行為（すること）や状態が、いつもより大きかったり、多かったりすること
- 3 好み…好きなもの
- 4 防寒具…寒いときに着るコート、マフラー、手袋など
- 5 吸湿性…汗を吸う性質*
  *性質…生まれたときから持っている特徴
- 6 通気性…空気を通す性質
- 7 ゆとりがある…きつくない
- 8 清潔…きれい
- 9 保つ…同じ状態にしておく
- 10 一般的…ふつう
- 11 材質…材料の特徴
- 12 漂白剤…布を白くするもの
- 13 縮む…小さくなる
- 14 一部介助…利用者ができるところを行い、介護職が一部の動作を介護すること
- 15 重ね着…何枚も服を着ること
- 16 薄着…寒いときでも、何枚も着ないこと
- 17 プライバシー…自分の情報や知られたくない情報を守る権利
- 18 負担…できることより重い仕事など
- 19 着心地…問題なく着られていること
- 20 履き心地…問題なく履けていること
- 21 予防…ならないようにすること
- 22 手順…する順番
- 23 姿勢…動作をするときのからだの形
- 24 維持…今の状態を続けること
- 25 向上…よくなること
- 26 保湿…乾燥しないようにすること
- 27 保護…まもること
- 28 表現…自分の気持ちを言葉や行動で伝えること
- 29 あたりまえ…特別ではない普通のこと
- 30 促進…早く進むようにさせること
- 31 腫れる…からだの部分がふくれること
- 32 舌苔…口腔内の古くなった細胞や残った食べ物についた細菌が繁殖して、舌についた白いもの
- 33 欠けている…全部ではないこと
- 34 装着…つけること
- 35 保管…ものを預かって、こわしたりなくしたりしないようにしておくこと
- 36 繁殖…動物や植物などがどんどん新しく、生まれて増えていくこと

Column

動作の言葉は難しい

「歩く」という動作を言葉だけで説明してみてください。正確に表現できるでしょうか？　では、「押す」「引く」はどうでしょう。「利用者のからだを向こう側に押す」「手前に引く」「あごを引く」など、言葉だけで説明するとなると「お手上げ」ですが、実際に動作をしてみれば、すぐにわかります。着脱の介護、移動の介護などを指導する際には、必ず言葉で説明しながら、その動作をしてください。技能実習生に動作をやってもらうときも、言葉で説明しながら動作をするように指示してみましょう。言葉の習得にもよい方法だと思います。

Chapter 2 移動の介護

移動の介護の理解
利用者が何らかの障害によって移動が難しくなっても、ベッド上での生活にならないように移動を支援することは、利用者の生活を支える基本であることを説明しましょう。

利用者に合った介護方法や福祉用具を使用する
技能実習生には、初めて見る福祉用具も多いはずです。それだけ日本は福祉用具が豊富です。まずは、福祉用具の機能や安全な使い方などを指導するようにしましょう。福祉用具を日常的に使っていない場合でも、技能移転の観点から、それぞれの特徴、使用方法については指導する必要があります。（福祉用具についてはP.106参照）
福祉用具を選ぶ視点の例）歩いて移動できるかどうか、杖があれば移動できるかどうか、杖はどんな種類がよいか、歩行器があれば移動できるかどうか、シルバーカーがあれば移動できるかどうか、車いすがあれば移動できるかどうか、車いすは自操できるかどうか　など

移動の意味
利用者によって持っている力（残存能力）はさまざまです。技能実習生には、一人ひとりの利用者に合った移動の介護をするように指導しましょう。

からだの部位
記録や申し送りでよく使うからだの部位から説明しましょう。
記録でよく使う部位）頸部、上肢、下肢、膝関節、後頭部、大転子部、大腿部、下腿部など
申し送りでよく使う部位）首、肩、腕、手首、足、膝、頭、腰、ふとももなど

Chapter 2 移動の介護

❶ 移動の介護を行う前に

1 移動の介護の意義

人は、「食事をする」「トイレに行く」「着替えをする」「入浴する」など、移動をしながら生活しています。からだを動かさないと体力が低下[※1]します。起き上がることも、立ち上がることもできなくなります。

介護職は、移動の介護を行って、利用者の日常生活を支援します。移動の介護では、利用者の体力が低下しないようにして、移動の自立を支援します。

2 移動に関係するからだの部位

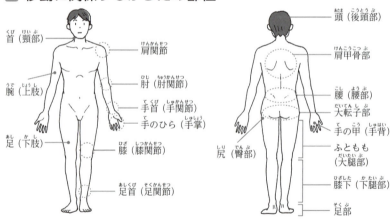

102

3 麻痺について

- 利用者が患側をけがしないように、介護職は気をつけます。
- 利用者に、健側を動かしてもらい、移動の自立を支援します。

4 ボディメカニクスを利用する

ボディメカニクスは、人間のからだの使い方や動かし方のことです。移動の介護では、ボディメカニクスを利用することで、少ない力で安全に介護することができます。

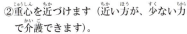

①足を開き、重心を低くします（安定します）。

②重心を近づけます（近い方が、少ない力で介護できます）。

重心が低い
足幅が大きい

重心が近い

麻痺のある利用者の介護

麻痺のある利用者を介護する際は、患側につくことを徹底して指導しましょう。利用者が患側にバランスを崩すと、バランスを保つことは困難です。転倒・転落の事故につながる可能性もあります。根拠とともに説明することで技能実習生の理解が深まります。

Column

外国人介護職による介護と施設の業務改善の事例

外国人介護職Aさんは、入浴前後の利用者の移動介護に難しさと不安を感じていました。移動介護する際に、利用者が裸なので掴むところがなくて支えられず、スリッパを履いての介護は滑りやすく安定感がありませんでした。また、多くの利用者を入浴させないといけないと思うと時間にも追われてしまいます。Aさんに限らず、このやり方のままでは利用者が不安に思ったり、事故につながる可能性もあります。そこで施設では、ベテラン介護職でも新人介護職でも入浴時（機械浴・リフト浴）の移動介護は基本的に2人で行うことにしました。外国人介護職による介護が施設全体の業務改善につながった事例です。

ボディメカニクスを体験する

「てこの原理を使って」と言っても技能実習生にはわかりません。実際に利用者の介護をする前に、職員同士で練習をしましょう。とくに、悪い例、よい例を体験してもらうと理解が深まります。体験を通してやりやすさ、やりにくさをからだで覚えてから実践に移るとよいでしょう。

悪い例）ひざを伸ばしたまま、腰を丸めて介護して、やりにくさや腰への負担感を体験してもらい、このまま続けると腰痛につながることを説明しましょう。

よい例）右記のイラストにもあるように、ベッドを自分の腰の高さまで上げ、腰を丸めなくてすむ位置を確保します。ベッドを上げられない場合は、ベッド上にひざをつき、肘をつけて介護すると、腰に負担がかからないことを体験してもらいましょう。

③ふとももなどの大きい筋肉を使います（大きい筋肉を使うことで、楽に介護ができます）。

腰を落とす

④利用者のからだを小さくまとめます（動かしやすくします）。

腕を組み、ひざを立てる

⑤利用者のからだを引きます（楽に動かせます）。

引く力

⑥重心を移動して利用者のからだを動かします（腕だけでなく、全身を使うと、楽に動かすことができます）。

重心を移動する

⑦足を移動する方に向けます（からだをひねると、負担が大きくなります）。

× ○

⑧てこの原理を使います（「支点」をつくると、大きな力に変えることができます）。

支点
肘で支点をつくって、利用者の頭部を支える

❷ 移動をする環境と福祉用具

1 介護を行う施設の環境

利用者は手すりのない場所、立ち上がる場所などでは、転倒しやすいので注意します。壁や家具などにも、ぶつからないように注意します。

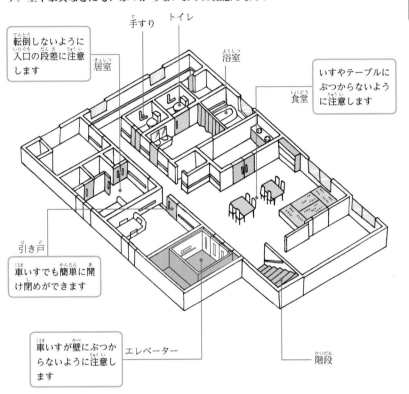

- 転倒しないように入口の段差に注意します
- 手すり
- トイレ
- 居室
- 浴室
- いすやテーブルにぶつからないように注意します
- 食堂
- 引き戸
- 車いすでも簡単に開け閉めができます
- 車いすが壁にぶつからないように注意します
- エレベーター
- 階段

施設内の環境

さまざまな福祉用具を使用している利用者が安全に移動できるように、施設の環境がバリアフリーの設計になっていることを説明しましょう。段差がないことで転倒を防ぐことができます。

また、床に滑りやすいところがないか、障害物がないかなどを確認し、利用者の動線を確保するように指導しましょう。

車いすの点検
移動の際の事故防止と利用者の安全のために、車いすの点検が大切であることを伝えましょう。点検のポイントはP.111の「車いすに乗る前の注意点」「車いすに乗るときの注意点」を参照ください。

歩行支援用具の特徴
利用者の自立を支援するために、状態像に合わせて、用具を選定するように指導しましょう。
・T字杖
　比較的少ない支持で歩行できる場合に用いられます。
・多点杖
　支持面積が広いため、立位や歩行時のバランスが悪い場合に用いられます。
・ロフストランド杖
　にぎりと前腕支えの2か所で支えるため安定性があります。
・プラットホーム杖
　リウマチなど手首や肘などに障害がある場合に使用する杖です。
・松葉杖
　下肢に障害のある人向きの安定性のある杖です。
・歩行器
　杖よりも安定性が必要な場合に用いられます。
・短下肢装具
　下腿部から足部に装着して、足関節の動きをサポートするために用いられます。

介護ベッド
実際に介護ベッドを見たり触れたりしたうえで、機能や使いやすさ、利用者への向き不向き、どのような場面で使うかなどの説明をして、理解を深めてもらいましょう。

2 車いす

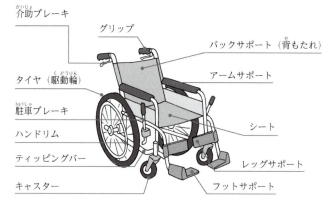

3 歩行支援用具

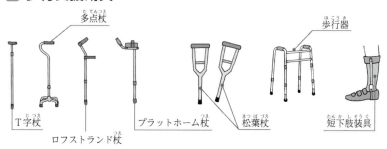

4 介護ベッド

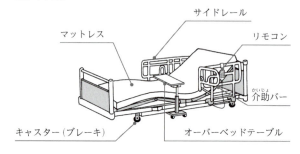

❸ 寝返り、起き上がり、立ち上がりの介護

寝返り、起き上がり、立ち上がりの介護は、体位変換を目的とするときなどに必要になります。

1 寝返りの介護（仰臥位[*4]→側臥位[*5]）

①利用者に体調を確認します。

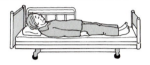

②利用者に介護の内容を説明して、同意を得ます。

③ベッドを介護職が介護しやすい高さに上げます。

> なぜ？
> ベッドの高さを上げると、介護職は腰を曲げずに、楽に介護することができます。

④利用者の顔を動かす方向に向けます。利用者に患側の腕（上肢）を健側の手で抱えてもらいます。健側の下肢を患側の膝の下に入れてもらいます。介護職は、利用者の肩と腰部を支え、ゆっくり介護職の方に倒します。

患側

> なぜ？
> 利用者のからだを小さくすることで、利用者も介護職もからだの負担を少なくできます。

⑤利用者のからだを安定した姿勢にし、ベッドの高さを元の高さに戻します。背中側にクッションをはさみ、安定させる場合もあります。

からだが安定する形

> 衣服のしわは伸ばします。しわがあると、褥そうの原因になります

寝返り、起き上がり、立ち上がりの介護

利用者には体格や状態に差がある（体が小さい人・大きい人、体重が軽い人・重い人、皮膚が弱い人、骨がもろい人など）ので、うまくいかないこともありますが、まずは本書の方法を基本として覚えてもらうように指導しましょう。利用者の状態像に合わせた介護は、技能実習生が経験を積んだうえで技能実習第3号時点には修得できるように指導しましょう。

起き上がりの介護

　高齢になると筋力が弱くなるので、起き上がりの際に踏ん張ることができずに、お尻がずり落ちることがあるので注意が必要です。また、起き上がりの際に、ベッドから下肢を下ろすと利用者の腰に負担がかかるため、素早く端座位へと変換するように指導しましょう。

2 起き上がりの介護（側臥位→端座位）

①側臥位から、利用者の両方の膝を曲げて、ゆっくりベッドから下ろします。

なぜ？
ベッドから下肢を下ろすと、利用者のからだを起こしやすくなります。
転落しないように、ゆっくり下ろします。

②利用者は、ベッドの手すりにつかまり、肘をついて力を入れて、からだを起こします。介護職は、利用者の頸部から肩甲骨を片方の手で支えて、起き上がりを介護します。

弧を描く

利用者の上体が弧を描くように起こします

③利用者のからだを安定した端座位にします。利用者に衣服のしわやたるみがないか、体調の変化や痛みの有無を確認します。

介護のポイント
座位の安定には、利用者は、手すりにつかまるか、ベッドに手のひら（手掌）をついて、からだを支えると座位が安定します。足を床につけ靴を履きます。

③ 立ち上がりの介護（端座位→立位）

①利用者に健側の臀部をベッドの端に動かしてもらいます。介護職は、利用者の患測の臀部をベッドの端に動かして、浅く座ってもらいます。

> なぜ？
> ベッドに浅く座ると、足を後ろに引きやすくなります。

②利用者はベッドに浅く座り、健側の足を少し後ろに引きます。

> なぜ？
> 足を後ろに引くと、足に重心をかけやすくなります。

③介護職は利用者の患側に立って、膝と腰を支えます。利用者は、頭を下げて前かがみになるようにしてゆっくり立ちます。

> なぜ？
> 膝を支えると、足が伸び、転倒を防ぎます。前かがみになることで、立ち上がりやすくなります。

立ち上がりの介護

立ち上がりの介護の際には、患側をサポートします。利用者に声かけしてタイミングを合わせるように指導しましょう。

④立ち上がったら、利用者の姿勢を安定させます。

> 介護職は、患側に立って、転倒を防ぎます

声かけのポイント

介護職は次の介護をするときには、必ず声かけをしましょう。
・ふとんをめくるとき　・腕や膝を動かすとき　・からだを起こすとき

❹ 車いすの移乗の介護

① 車いすの使い方

車いすの開き方

● ブレーキをかけた状態で、アームサポートを持って、少し開きます。次に、シートを両手で押し下げます。

①少し開く
②シートを両手で押し下げる

車いすの閉じ方

● ブレーキをかけた状態で、シートの前と後ろをつかみ、上に持ち上げます。

①ブレーキをかける
②シートを持ち上げる

車いすに乗る前の注意点
- 折りたたみの開閉のゆるみ、フットサポートにゆるみがないことを確認します。
- バックサポート（背もたれ）やシートが固定されているか、汚れがないかを確認します。
- キャスターに不具合[*7]がないことを確認します。

車いすに乗るときの注意点
- 使う前に、タイヤの空気の量、ブレーキ（介助ブレーキ、駐車ブレーキ）を確認します。
- 乗ったり降りたりするとき、止まっているときは、ブレーキをかけます。
- フットサポートに利用者の足を乗せ、利用者の手をアームサポートの内側におきます。
- 利用者に声をかけてから動かします。

止まっているときは、ブレーキをかけます

2 ベッドから車いすへの移乗（一部介助）
①利用者に体調を確認します。
②利用者に介護の内容を説明して、同意を得ます。
③利用者は、健側の臀部を前へ動かします。介護職は、利用者の健側の手が届く位置に車いすを近づけます。

なぜ？
臀部を前へ動かすと、車いすに近づきます。

立つとき、健側の足を患側より後ろにすると、立ち上がりやすくなります

車いすへの移乗の介護（一部介助）

まずは、「何でもやってあげる」介護はしないように指導しましょう。利用者の持っている力を活かせるような見守りや介護を心掛け、福祉用具（スライディングボードなど）を活用することで、介護される側もする側も安心・安楽な介護方法を指導しましょう。

ベッドから車いすへの移乗

一つひとつの動作で声かけをしながら安全に移乗するように指導しましょう。

④利用者は、車いすの遠い方のアームサポートをつかみます。介護職は、患側の膝とつま先を支えます。

> なぜ？
> 患側の膝とつま先を支えて膝が伸びると、しっかり立てます。

⑤利用者は、頭を下げてゆっくり立って、車いすの方へからだをまわします。

> なぜ？
> 頭を下げて立ち上がると、足に重心が移り、立ち上がりやすくなります。

⑥利用者は、健側の臀部をバックサポート（背もたれ）の方へ動かします。患側は介護職が動かします。フットサポートに利用者の足を乗せて安定させます。利用者ができることはやってもらいます。

足を上げる

> 車いすに利用者が深く座るようにします。車いすに移乗後、衣服にしわやたるみがないように整えます

3 車いすからベッドへの移乗（一部介助）

①利用者の健側の手がベッド側になるように、車いすを止めます。
②利用者は、臀部を前へ動かして、ベッドの手すりを健側の手でつかみます。

③介護職は、患側の膝を支えます。利用者は、頭を下げて前かがみになるように立ち上がって、ゆっくりとベッドに座ってもらいます。介護職はゆっくりと利用者の動作を介護します。

④安定した座位になるように、利用者はベッドに深く座ります。

4 ベッドから車いすへの移乗（全介助＊8）

①３の①から③までは同じ順番で行います。
②介護職は両手を利用者の腰に回します。利用者は健側の腕を介護職の肩へ回します。
介護職は利用者の患側の方の足で、利用者の患側の膝を足の外側から支えます。

> 支えるとき、腰を低くし利用者の重心を近づけると、楽に動かせます
> 介護職は、動く方向へ足先を向けると、簡単に動けます

車いすへの移乗の介護（全介助）

利用者には、体重が重い人、背が高い人も多くいます。１人での介護では難しい場合は、２人で行ったり、走行式リフト等の福祉用具を活用した移乗も検討するなど、安心・安全な移乗方法を指導しましょう。

③利用者のからだを前へ傾けます。利用者の足に重心が移動したら、ゆっくりと立ち上がってもらいます。

なぜ？
利用者のからだを前へ傾けると、利用者の足に重心が移り、立ち上がりやすくなります。

④介護職は、利用者といっしょに車いすの方へまわります。介護職は、膝を曲げて腰を低くし、利用者にゆっくりと車いすに座ってもらいます。

なぜ？
介護職が先に腰を低くすると、利用者が後ろに倒れないで、安全に座ることができます。

⑤安定した座位になるように、利用者を車いすに深く座らせ、フットサポートに足を乗せる介護をします。衣服にしわやたるみがないように整えます。

5 車いすからベッドへの移乗（全介助）

①3の①②の手順で車いすをベッドの近くに止めます。

②介護職は両手を利用者の腰に回します。利用者は健側の腕を介護職の肩へ回します。介護職は利用者の患側の方の足で、利用者の患側の膝を足の外側から支えます。

車いすの確認
車いすについては、①車いすのブレーキがかかっているか、②フットサポートが上がっているかを必ず確認するように指導しましょう。

車いすでの姿勢
車いすに座った際には、利用者のお尻の位置を必ず確認するように指導しましょう。浅く座っている場合は、深い位置までお尻を後ろにずらします。

③利用者のからだを前へ傾けます。利用者の足に重心が移動したら、ゆっくりと立ち上がってもらいます。

④介護職は、利用者といっしょにベッドの方へまわります。介護職は、膝を曲げて腰を低くし、利用者にゆっくりとベッドに座ってもらいます。

⑤安定した座位になるように、利用者はベッドに深く座ります。

❺ 車いすの移動の介護

1 平地*9を押す

- 介護職は、利用者に体調の確認を行い、介護の内容を説明して、同意を得ます。
- 介護職は、運動靴を履き、動きやすい服装で介護します。
- 利用者の足をフットサポートに乗せて、手や腕はアームサポートやふとももに置きます。
- 車いすの動きを利用者に伝えます。
- 普通に歩くよりゆっくり車いすを押します。
- 車いすに乗ったり降りたりするとき、止まっているときは、ブレーキをかけます。

なぜ？
車いすに乗ると、目線が低くなって、怖いと感じるため、ゆっくり押します。

車いすの移動の介護
一つひとつの動作を行う前に必ず声かけをすることを徹底するように指導しましょう。「動きますね」「止まりますね」「ブレーキをかけますね」など、声かけをすることで利用者も安心して楽しい外出につながります。

キャスターの上げ下げ

キャスターを急に上げ下げすると、利用者が怖がったり、転落事故につながったりすることもあります。動作の一つひとつに声かけして、ゆっくり上げ下げするように指導しましょう。

2 段差のある所を上る・段差のある所を下りる

段差のある所を上る

- 介護職は、利用者に体調の確認を行い、介護の内容を説明して、同意を得ます。
- 車いすの動きを利用者に伝えます。
- 段差の前で車いすを止めます。ティッピングレバーを踏んで、グリップを斜め下の方向に押します。

- キャスターが上がったら、キャスターを段の上へゆっくり乗せます。
- 介護職は、バックサポート（背もたれ）にふとももを当てて、車いすを斜め上の前方に進めるようにして段の上に押し上げます。

段差のある所を下りる

- 介護職は、利用者に体調の確認を行い、介護の内容を説明して、同意を得ます。
- 車いすを後ろ向きに動かし、段の手前で止めます。
- 介護職は、バックサポート（背もたれ）にふとももを当てます。ふとももと両手で車いすを支えながら、駆動輪を段の下へゆっくり下ろします。

- ティッピングレバーを踏んで、グリップを斜め下の方向に押します。
- キャスターが上がったら、介護職は一歩後ろに下がり、キャスターをゆっくりと段の下へ下ろします。

3 坂道

上り坂
- 介護職はわきをしめて、両足を大きく開いて押します。

下り坂
- 車いすを後ろ向きにします。
- 介護職は、わきをしめて、両足を大きく開き、後ろの安全を確認しながら下ります。

> **なぜ？**
> 足を大きく開くと、腕だけでなく、ふとももの大きな筋肉が使えます。

車いすへの移乗の介護（全介助）

利用者には、体重が重い人、背が高い人も多くいます。1人での介護では難しい場合は、2人で行ったり、走行式リフト等の福祉用具を活用した移乗も検討するなど、安心・安全な移乗方法を指導しましょう。

歩行の介護

介護中は、杖先に意識が集中し、足元ばかりに目がいきやすいですが、利用者の顔色や、汗、息づかいなども観察しながら介護できるように指導しましょう。会話を楽しみながら介護できるようになるのが理想的です。

❻ 歩行の介護

1 基本の姿勢

利用者は、患側の後ろへ転倒しやすくなります。介護職は利用者の患側の後ろに立って、転倒を防ぎます。利用者の上体[10]がまっすぐか、大きく足を上げているか、注意します。前かがみの姿勢や、足を上げないで歩くのは、転倒の原因になります。杖の長さは、大転子部の高さに合わせます。

2 杖歩行

3動作歩行

①杖→②患側の足→③健側の足の順番に、3動作で歩きます。

①杖を出す ②患側を出す ③健側を出す

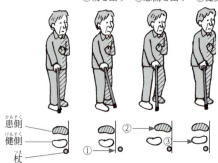

患側
健側
杖

なぜ？
杖と反対側の患側の足を出すことで、支持基底面積（からだを支える面積）が広くなり、歩行が安定します。

2動作歩行

①杖と患側の足→②健側の足の順番に、2動作で歩きます。

③ 杖歩行の介護

平地
- 介護職は、利用者の患側の後ろに立ち、患側の腕と腰を支えます。
- 利用者は、①杖→②患側の足→③健側の足の順番に、歩きます。

 ①  ②  ③

段差を越える
- 介護職は、段差のあるところで止まって、利用者に段差を越えることを説明して、同意を得ます。
- 利用者は、①杖→②患側の足→③健側の足の順番に、段差を越えます。

階段を上る
- 介護職は、階段の手前で止まって、これから階段を上ることを伝えます。
- 利用者は、①杖→②健側の足→③患側の足の順番に、階段を上ります。

 ①  ②  ③

> **介護職**は、階段の一段下に立って見守り、転落を防ぎます

> **なぜ？** 患側の足は上げにくく、階段の上に乗せることが難しくなります。健側の足から上ることで、患側の足を引き上げることができます。

杖歩行

　3動作歩行は安定性があり、2動作歩行は速く歩けるという特徴があります。利用者の身体状況に合わせた歩行の介護をするように指導しましょう。初めて介護する利用者に対しては、まずは3動作歩行で安定性を重視することが大切です。

階段を下りる
- 介護職は、階段で止まって、これから階段を下りることを伝えます。
- 利用者は、①杖→②患側の足→③健側の足の順番に、階段を下ります。

> 介護職は、階段の一段下に立って見守り、転落を防ぎます

7 視覚障害（目が見えない人、目が見えにくい人）の歩行

1 白杖と盲導犬

　目が見えない人、目が見えにくい人が道路を歩くときは、「白杖」を持って歩くか、「盲導犬」と歩くことが多いです。白杖は、二歩先の道路の様子を知る道具です。盲導犬は、目が見えない人、目が見えにくい人が安全に歩けるよう、訓練を受けた犬です。

盲導犬

盲導犬
　技能実習生には、盲導犬を見たことがない人もいるので、盲導犬の役割を説明しましょう。

2 視覚障害（目が見えない人、目が見えにくい人）の歩行の介護

歩行の介護の基本

目が見えない人、目が見えにくい人は、介護職が歩行の介護を行うことで、安心して外出することができます。

〈基本の姿勢〉
介護職は利用者の斜め前に立ちます。利用者は、介護職の肘の上をつかみます

声をかけるときの注意点

- 最初に、利用者の顔の前で、自分の名前を伝えます。次に基本の姿勢になります。
- 声をかける前に利用者には触れないようにします。
- 歩く方向を説明してから歩きます。
- 「あっち」「そっち」などの言葉は使いません。「右」「左」「１m先」など、具体的[11]に言います。

視覚障害者誘導用ブロック

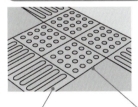

線の方向に進む　　注意・止まれ

電車のホームや、道路を渡るときは、注意・止まれを指すブロックより後ろの位置で待ち、事故を予防します

介護職は視覚障害のある人の斜め前に立つ

理由として、「介護職が先に歩くことで、安全を確認しながら進んでいける」「利用者の心理的不安の軽減」などがあります。利用者の心理的な不安が解消されるよう、利用者の先を歩き、まわりの状況や安全を口頭で伝えながら介護するように指導しましょう。

❽ 移動・移乗を支援する道具

車いすや杖の他にも、移動や移乗を支援する道具は、いろいろなものがあります。利用者の自立の状態に合わせて、必要なものを使用します。

移動用リフト

スライディングボード

スライディングシート

移動・移乗を支援する道具

道具を使用する際は、必ず使い方を説明し、職員同士で練習してから使用するように指導しましょう。間違った方法で使用してしまうと、事故につながる可能性があります。安心・安全・安楽に使用できるように、最新の知識と技術を学んでもらいましょう。

言葉の意味

♣1 **低下**…弱くなること

♣2 **環境**…まわりの様子

♣3 **用具**…使う道具

♣4 **仰臥位**…仰向けで寝た姿勢

♣5 **側臥位**…からだを横に向けて寝た姿勢

♣6 **端座位**…ベッドの端で、足を下ろして座る姿勢

♣7 **不具合**…状態、調子がよくないこと

♣8 **全介助**…ほとんど介護職の力によって、動作を行うこと

♣9 **平地**…平らなところ

♣10 **上体**…からだの腰から上の部分

♣11 **具体的**…例を使って、わかりやすくすること

Chapter 3 食事の介護

食事の介護の理解
利用者一人ひとりの食生活を尊重するためには、健康かつおいしく食べられるように支援することが大切です。そのために、利用者の病気や障害に加え、栄養バランスなども理解できるように指導しましょう。

食文化・マナー
食事の風景は国や地域によって大きく異なります。熱い食べ物を冷ますときに息を吹きかける国もあります。インドネシアには混ぜて食べる料理が多くあります。また、食事中にはテーブルを汚さず、残渣を床に落とすという国もあります。箸は使用せずスプーンのみで食事する国もあれば、キッチンがないのが普通である地域もあります。食事介護の前に、まず日本の食文化やマナーについて理解できるよう指導しましょう。

Chapter 3 食事の介護

❶ 食事の介護を行う前に

1 食事の意義
食事は食べ物などを食べて、健康を保ち、生活する力をつくることが目的です。
人の生活で食べることは「楽しみ」なことで、人と人との大切なコミュニケーションの場になります。
毎日、決まった時間に食事をすると、一日の生活時間を整えることができて、生活も安定します。

2 食事に関係するからだの部位
食事に関係するからだの部位に、脳があります。食事をするとき、目で見る色、形、においや音などの情報は、感覚器官[※1]から脳に集められます。

①脳が、何を食べるのかを決めて、手を動かして、箸やスプーンなどで食べ物を口まで運びます。
②口に運んだ食べ物を、歯を使って噛んで（咀しゃく）、食べ物のまとまり（食塊）をつくります。
舌にある味蕾[※2]で、味を感じます。
③食塊を飲み込み、喉から食道へ送ります（嚥下）。

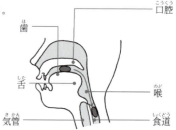

124

技能実習生の食べ物

技能実習生の信仰している宗教によっては、食べ物に配慮が必要となります。たとえば、イスラム教徒は豚肉やアルコールを摂取することが禁止されています。技能実習生が施設の食事を食べる際は、これらの食物を使用していないか、確認しなければいけません。

技能実習生と食事をする際は、ハラール認証という、イスラム教徒が食べることのできる食材のみを使っている飲食店もありますので、このようなお店を利用することも有効です。

3 食事する環境

食事は、清潔で明るくリラックスできる環境を整えることが大切です。

環境づくりのポイント
- 照明の明るさや色を工夫する。
- テーブルをきれいにする。
- いやなにおいがしないようにする。
- 使い慣れた箸、スプーンなどを使用する。

※テーブルクロスをかける、花を飾る、音楽をかけるなど、楽しい環境にする工夫があります。

4 食事の種類

食事の主食は、ご飯、パン、麺類などがあります。利用者の咀しゃくや嚥下の能力に合わせて、やわらかくしたり、刻んで食べやすくします。

ご飯が中心の食事

パンが中心の食事

麺が中心の食事

食事の種類

利用者の食事の嗜好、禁忌食、食事形態の意味をあらかじめ説明し、利用者個々の食べ方についても説明しましょう。

食事の説明

利用者に食事の説明をするためには、食品や料理の名前を覚えなければなりません。技能実習指導員は、技能実習生に日本の食文化や季節折々の食材などを説明しましょう。

刻み食
大きい食べ物を刻んで食べやすくします。咀しゃくや嚥下の能力に合わせて、刻む大きさを工夫します。

ミキサー食
料理をミキサーでやわらかくします。咀しゃくする力が弱い人によいです。料理の形がなくなるので、利用者に料理の元の形を見てもらってからミキサーにかけるようにします。

ソフト食
調理方法を工夫して、食べ物をやわらかくしてあります。咀しゃくや嚥下がしやすくなっています。

とろみ食
嚥下機能の低下した人は水分にむせ[注3]やすいため、お茶、ジュースなどの飲み物や味噌汁、スープなどの汁物には、とろみをつけます。利用者に合わせてとろみは調整します。

とろみ食
とろみ剤を使った飲料、食事を技能実習生にも実食してもらい、利用者の視点が持てるように指導しましょう。

Column

技能実習生によるご飯を食べてくれない利用者の介護の事例

インドネシア人技能実習生のGさんは、食事の介護をしてもなかなかご飯を食べてくれない利用者Dさんの対応に悩んでいました。そんなとき、GさんがDさんの入浴の介護をすることになりました。入浴中、とても嬉しそうに「気持ちいい」と語るDさんの姿を見て、Gさんもとても嬉しくなりました。そのときからGさんが食事の介護をするときにも変化が現れました。なんと、DさんがGさんの介護で食事を食べてくれるようになったのです。Gさんは、入浴中にDさんといっしょに喜んだことによってDさんが心を開いてくれたのだと感じました。それ以来、Dさんとはとても良好な関係が続いています。GさんはDさんのおかげで食事の介護が好きになりました。

5 食事で使う道具

筋力の低下があったり、麻痺や拘縮*4で上肢の機能に問題がある場合には、利用者の状態に合わせて工夫した道具を使用します。

にぎりやすくした
スプーン・フォーク

すべり止めマット

❷ 食事の準備

利用者が食事をするまでには、調理、盛りつけ*5、配膳*6、利用者の姿勢を整えるといった準備が必要になります。

1 調理・盛りつけ
- 食べ物の好き嫌いに気をつけます。
- 利用者に合わせた食事の形にします。
- アレルギーなど、食べてはいけないものに気をつけます。
- 味付け（塩分・糖分など）に気をつけます。
- 温かいものは温かく、冷たいものは冷たく食べられるように気をつけます。
- 盛りつけを工夫します。

2 配膳

日本食（和食）の配膳は、①左手前にご飯などの主食、②右手前に汁物、③右奥に主菜*7、④左奥に副菜*8を置き、⑤箸は左手前側に箸の先がくるように置きます。

利用者が左利きの場合や右片麻痺で、左手で箸を使う場合は、箸先を右手側に向けて置きます。

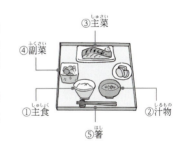

調理の注意点
利用者の飲む薬を食事に混ぜたり、副菜をむやみに混ぜないように指導しましょう。

配膳の意味
外国では大皿料理が多いため、技能実習生には和食の配膳は覚えにくいかもしれません。ただ配膳場所を説明するのではなく、利用者一人ひとりにとって食べやすい位置に置くことが大切だと説明しましょう。

食札がある場合は、必ず名前と食事の内容（禁忌食、食事の形態など）が正しいか確認するよう指導しましょう。

視覚障害のある人（目が見えない人、目が見えにくい人）の場合は、食べ物の位置をクロックポジションと言われる時計の短い針の位置で知らせる方法があります。

> 7時の位置にご飯、5時に汁物、12時に魚、3時に漬け物、9時に煮物と説明します。食器に手を触れてもらい食べ物の位置を確認してもらいます

3 食事の姿勢

食事は、生活の楽しみになりますが、誤嚥・窒息など命が危険になる場合もあります。介護職ができる介護は利用者の口に食べ物を入れるまでです。安全に飲み込むことができるかは利用者の力となります。

安全においしく食事してもらうためには、調理や食事形態の工夫、丁寧で適切な介護、正しい食事の姿勢が重要です。

食事の姿勢

正しい食事の姿勢は、いすに深く腰掛け、足の裏をしっかり床につけ、少し前かがみになり、あごを引いた姿勢です。

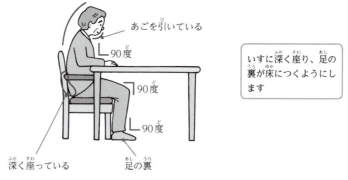

> いすに深く座り、足の裏が床につくようにします

- あごを引くと、食べ物が喉の奥に入ってしまうことを防ぐことができて、安心して噛むこと（咀しゃく）ができます。
- いすは、深く腰掛けたときに膝と足首が90度の角度になる高さがよいです。
- テーブルは、肘を90度に曲げてテーブルの上におけるぐらいの高さがよいです。

席順・配食

利用者の関係性などで席順や配食にルールがある場合は、あらかじめ説明しましょう。また、他の利用者の食事に手を出してしまう利用者についても対応方法の説明が必要です。

- 食事は、安定した座位姿勢が保持できれば、いすに移乗して食事した方がよいです。
- 車いすで食事をするときは、フットサポートから足を下ろして、足を床にしっかりつけます。

ベッド上での食事の姿勢

からだの障害や状態によって、座位姿勢で食事をすることが難しい場合は、ベッド上で食べることになります。

ベッドのギャッチを上げ、できるだけ上体を起こした姿勢になってもらいます。ギャッチを上げるときは、先に足を上げます。起き上がった後は、からだをマットレスから一度離して戻す介護をして、背部や腹部が緊張しないようにします。

介護のポイント

ベッド上での食事のときも、あごを引くことが大切です。自分であごを引く姿勢をとることが難しいときは、頭の下に枕やバスタオルをあてて調整します。

ベッド上での食事の姿勢

ベッド上での食事介護をした後は、利用者の骨盤を立てたままにしないように、ギャッチを下げた後に骨盤を動かすように指導しましょう。

時間がかかる利用者

食事の介護が利用者の覚醒状態や嚥下状態により時間がかかる場合の対応については、本人の負担を考慮してどれくらいで終了すべきなのかを説明しましょう。また、介護職の都合で無理に食べさせたりしないように利用者主体の観点から指導しましょう。

❸ 食事の介護

1 食事の流れ・手順

①食事の時間ということを説明して、体調や気分の確認、食事をする同意を得ます。
②排泄を終わらせて、利用者の手を清潔にします。
③テーブルまで移動していすに移ってもらい、正しい食事姿勢にします。

> なぜ？
> 正しい食事の姿勢は、誤嚥を予防します。

④食べこぼしがある人には、利用者の同意を得てエプロンやタオルをします。
⑤利用者の食べられないものや決められた食事形態と、準備された食事に問題がないかを確認します。
⑥食事を利用者の正面に見える位置に置きます。

> なぜ？
> 食べ物が目の前にあると、視覚や嗅覚の刺激が脳に伝わり、食事に対する意欲が高まります。

⑦介護職は利用者の利き手*9側また、健側の斜め前に座ります。

左側から介護する場合（左手で持つ）　　右側から介護する場合（右手で持つ）

> なぜ？
> 立った状態で介護すると、利用者の視線が上を向いてあごが上がります。食べ物が上から入るので誤嚥を起こしやすいです。

利用者の好みを確認する

食事の介護を行う際には、まずは利用者本人からどの順番で食べたいのか聞くことが大切だと説明しましょう。

体調や気分の確認

利用者のそのときの状態を確認するよう指導しましょう。
確認事項の例）体調、口腔機能、覚醒状態、睡眠時間・状態、嗜好、運動量、排泄状況、気分など

摂食時の観察

食事を吐き出す、のどに詰まらせるなどの行為があった場合、どのような表情で、どのような訴えがあったか、状況がわかる報告・記録をするように指導しましょう。
摂食時の観察のポイント）飲み込みの確認、利用者が食事をかき込んでいないか、食事はしっかり見えているか、食器や自助具は適切に使えているかなど

ペース配分

食事介護では、水分摂取と食事のペース配分など初めはわからないことがありますが、利用者にバランスよく食べてもらえるように指導しましょう。技能実習生に対応力が身につくまでは技能実習指導員の見守りのもとに行いましょう。

⑧献立（メニュー）を説明します。メニューを説明するとき、熱さや冷たさ、食材や料理方法なども説明して食欲がでるような声かけをします。
⑨食事の最初にお茶や汁物などを飲んでもらいます。

> **なぜ？**
> 口腔内が乾燥していると、飲み込みにくくて、誤嚥を起こしやすいです。水分で口腔内を湿らすことで飲み込みやすくします。

⑩利用者の食事状況に合わせて、食器を取りやすい位置に置く、魚の骨を取る、果物の皮をむくなど必要な介護を行います。
⑪食べこぼしがある場合は、利用者の口を拭いて、衣服の汚れがないかを確認します。
⑫食事が終わったか利用者に確認します。残したものがあれば、残した理由を聞くようにします。食事摂取❋10量と水分摂取量をチェックして記録します。
⑬口の中に食べ物が残っていないか確認して、お茶などの水分をとってもらいます。
⑭下膳❋11します。
⑮口腔ケア（うがい、歯磨き、義歯の清掃）をしてもらいます。
⑯食後、30分ぐらいは誤嚥性肺炎❋12の予防のため、座位姿勢になってもらいます。

2 食事の介護の注意点

- 食事中の観察をします。食事のペース、姿勢、食べる動作に問題はないか、咀しゃくや嚥下の状態などに気をつけます。
- 常に利用者の目線より下で、食べ物を入れます。

> **なぜ？**
> 目線より上になると、利用者は食べ物が見えないので、食べ物が意識できなくなります。また、あごが上がることで誤嚥しやすくなります。

- 利用者の希望に合わせて食べ物を口に運ぶようにします。
- 一口の量の食べ物を口に運ぶ速さは、利用者の希望を確認したり、観察したりして調整します。
- 使用するスプーンは、全体が舌の中央❋13に入る大きさのものがよいです。

> **なぜ？**
> 大きなスプーンを使うと、すする❋14ことがあって、誤嚥しやすくなります。また、一口の量が多くなるので、食べにくくなります。

食事の中断
利用者の意志で食事を中断した場合、技能実習指導員に報告するよう指導しましょう。また、食べ物を口に詰め込んだり、無理やり食事をとらせるような行為はしないよう指導します。なぜ利用者が拒否するのか、技能実習生に理由を考えるように促してください。

利用者の状態
食べ物を口一杯に詰め込んでしまう人や、口に入れたまま手が止まってしまう人、食事の途中で寝てしまう人、口を開けてくれない人、よだれの多い人、口からこぼれてしまう人などを介護する際には、技能実習指導員が指導をしましょう。利用者に異変がみられた際には、すぐに指導員に報告するよう指導しましょう。

咀しゃくや嚥下の状態
むせ込み、おう吐、誤嚥、窒息がみられた場合、即座に技能実習指導員に報告するよう指導しましょう。

食事後の対応
食事介護完了の報告を技能実習指導員にするように指導してください。

- 食べ物は口より下から口元に近づけて、口を開けてもらい、下唇に沿って水平に入れ、舌の手前につけてスプーンを水平に引き抜くようにします。

スプーンを水平に入れる
スプーンを水平に引き抜く

- 唇が閉じにくく、こぼしやすい人の場合は、食べ物を口に入れたら、口を閉じてもらいスプーンを水平に引き抜くようにします。
- 片麻痺がある場合、健側の口角から食べ物を入れるようにします。
- あごを引いた状態で咀しゃくしているか気をつけます。
- 楽しい会話ができるようにします。ただし、咀しゃく中は話しかけないようにします。

> **なぜ？**
> 咀しゃく中に話しかけられても答えにくいです。また、答えようとしたときに誤嚥しやすくなります。口の中に食べ物があるときは咀しゃく・嚥下に集中できるよう見守ります。

- 全部飲み込んだことを確認します。

食事中の姿勢

食事介護中に、利用者のからだに傾きがある場合は、必ず技能実習指導員に報告するように指導しましょう。

記録、申し送り

記録、申し送りに必要な事項やアセスメントの着眼点について指導しましょう。記録が何に、どのように活用されているかも技能実習生に伝えましょう。あいまいな表現は避け、利用者の状態が客観的な内容として共有できるように説明しましょう。

言葉の意味

- ♣1 **感覚器官**…目、鼻、耳、皮膚など
- ♣2 **味蕾**…舌の表面にあるたくさんの細胞で、甘味、酸味、苦味、塩味、渋味、辛味などの味覚を感じる
- ♣3 **むせる**…食べ物や飲み物が気管に入って、苦しくなったり咳がでたりすること
- ♣4 **拘縮**…筋肉や関節が縮んだり固まったりして動かなくなる状態
- ♣5 **盛りつけ**…できた料理を皿にのせたり、入れ物に入れたりすること
- ♣6 **配膳**…料理や食器を配ること
- ♣7 **主菜**…食事の中心になるおかず

- ♣8 **副菜**…主菜の他のおかず
- ♣9 **利き手**…よく使う方の手
- ♣10 **摂取**…栄養などをからだの中に入れること
- ♣11 **下膳**…食事の食器などを片付けること
- ♣12 **誤嚥性肺炎**…食べ物や胃液、おう吐物などが気道に入って、細菌が繁殖して発症する肺炎のこと
- ♣13 **中央**…真ん中
- ♣14 **すする**…スープやみそ汁のようなものを少しずつ、吸いながら食べること

Part 2

chapter 3

133

Chapter 4 入浴・身体清潔の介護

入浴の文化
国によっては湯船につかる文化がない、あるいは他者といっしょに入る文化がない、というように入浴方法は異なります。技能実習指導員は日本人の入浴方法について説明し、理解できるよう指導してください。

入浴の効果
入浴には、心身機能を促進させ疲労回復に効果があることを説明し、入浴の意義を理解してもらいましょう。

Chapter 4 入浴・身体清潔の介護

❶ 入浴の介護を行う前に

1 入浴の意義

入浴や清拭は、からだを清潔な状態にします。清潔を保つことは病気を予防し健康を維持していくために必要です。

清潔だと気持ちも明るくさわやかになります。身だしなみが整っていると、安心して他の人といっしょに活動することができます。また、血行[※1]をよくする、安眠などにも効果があります。

入浴の介護では、からだの清潔を保つだけではなく、リラックスして入浴が楽しめるように声かけをしていきましょう。

2 入浴による効果[※2]とからだの変化

からだをきれいにして温まることでいろいろな効果と変化が起きます。

①血液循環[※3]がよくなる
温まることで血管が広がります。

②気分が爽快[※4]になる
きれいになることで気分がよくなります。

③新しい意欲が持てる
気分がよくなって、新しい意欲が生まれます。

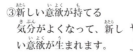

④安眠につながる
からだが温まることで眠くなります。

⑤疲れがとれる
入浴後に休むことで疲れがとれます。

⑥関節の痛みが軽くなる
温めることで筋肉がやわらかくなります。

134

 Column

技能実習生による入浴が嫌いな利用者の介護の事例

ショートステイを利用しているEさんは、シルバーカーで歩行している認知症がある人です。入浴の話をすると「お風呂は入らない」と怒ってしまいます。インドネシア人技能実習生のBさんは、どうしたら、Eさんと信頼関係ができるか悩んでいましたが、Bさんは、Eさんの気持ちをほぐすことが大事だと思い、Eさんに笑ってもらおうと、毎日どうしたら笑うのか一生懸命考えました。そして、いつしかEさんと笑い話をすることが日課になりました。Eさんは笑うと、快くお風呂に行ってくれるようになりました。Bさんは気持ちが大切だということをEさんから教えてもらいました。

3 入浴に関係するからだの部位

■ 汚れやすいからだの部位

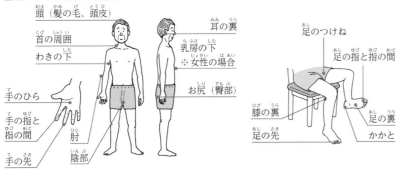

- 皮膚と皮膚の間や、からだの表面から見えにくい部分に汚れが溜まりやすくなります。
- からだを洗うときは、汚れがないか確認してきれいにしましょう。

4 入浴する環境や道具、浴槽の種類

【浴室環境と道具】

■ 入浴の環境

入浴では、体調の変化や事故が起きやすいです。安全に入浴できるように、環境を整えましょう。

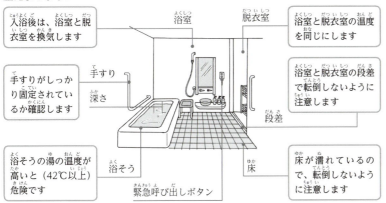

皮膚の観察

室温が上昇すると搔痒感が出てくる高齢者もいます。入浴や衣服の着脱の際に擦り傷、湿疹、かぶれなどの皮膚の変化がないか観察するように指導しましょう。

135

バスボードの留意点

バスボードは滑りやすいので、利用者が転倒しないように注意が必要です。入浴の介護で使う道具は、技能実習生が見たことのないものが多いので使い方を説明しましょう。

■ 入浴の介護で使う道具

利用者が無理をしないで入浴できるように、いろいろな道具が活用されています。道具を使うことで、利用者の安全と自立を支援しましょう。

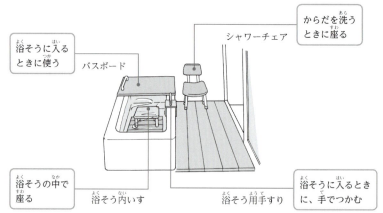

- シャワーチェアの高さは浴そうの高さと同じくらいにします。
  - なぜ？ 浴そうへの出入りのときに、移動しやすいです。

浴そうの種類と入浴方法

■ 浴そうの種類

浴そうの種類には和式、洋式、和洋折衷式※5 の3種類があります。

 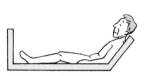 

和式
足を曲げて入るので、立ち上がりやすい
浴そうが深いので、心臓への負担が大きい

洋式
足を伸ばして入るので、立ち上がりにくい
浴そうが浅いので、心臓への負担は軽い

和洋折衷式
自然な形で入浴できる和式と洋式のいいところを合わせたもの

Column

日本人と入浴

　入浴習慣をみると、外国ではシャワーだけで済ませる国も多いですが、日本には湯船に入る習慣があります。日本では、入浴の際に、季節に応じて、湯船に菖蒲や柚子を入れて楽しむ文化があります。入浴は身体の清潔を保つだけではなく、精神的な満足度を高める効果もあります。利用者のQOLを高める観点から、日本の文化的な背景も理解してもらい、利用者の精神的な満足度を高める工夫をしてみるように指導しましょう。

■ 入浴方法
浴そうに入ることができない利用者には、機械を使った入浴があります。

チェア浴　　　　　リフト浴　　　　ストレッチャー浴

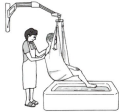

❷ 入浴の介護

1 入浴前の準備

入浴の介護では、準備をしっかり行って、利用者の体調を確認しましょう。

脱衣室と浴室の準備

● 夏は冷房、冬は暖房を入れ脱衣室と浴室の温度があまり違わないようにしましょう。

> なぜ？
> 脱衣室と浴室の温度が違うと、ヒートショック♣6の原因となります。

● 必要なものを準備して、浴室では介護職がすぐに取れるところに置きましょう。

> なぜ？
> 準備をしていることで、入浴中も利用者の見守りができます。
> 見守りをしないと転倒の危険があります。

● 入浴中は汗をかくので、脱水にならないように水分補給しましょう。

お風呂への誘導

入浴を嫌がっている利用者がいる場合、入浴を無理強いすることがないよう指導しましょう。業務優先とせずに、まずは嫌な理由や利用者の希望を聞くことが大切です。

ヒートショック

温暖な国出身の技能実習生は、ヒートショックについての理解が乏しい可能性があります。あらかじめヒートショックのからだへの影響についても指導しましょう。

室内の適温

東南アジアではエアコンの普及が進み、エアコンで低温になるまで部屋を冷やすことが習慣となっているところもあります。利用者の体調に影響することもあるので、寒暖の差をつけないように室内温度の設定を指導しましょう。

体調確認

利用者のその日の体調（体温、顔色、痛みなど）を確認するよう、技能実習生を指導しましょう。体調不良のときは無理強いしないように伝えます。また体調の異変を感じた際には、技能実習指導員に報告するように指導しましょう。

拘縮がある利用者

関節が拘縮している利用者に対して無理に衣類の着脱を行うと脱臼、骨折の原因になってしまいます。技能実習生の対応力がつくまで、技能実習指導員の見守りのもと行うようにしましょう。（衣服の着脱の介護については、Part2 Chapter1「身じたくの介護」を参照）

利用者の観察

衣服の着脱を介護する際は、利用者の顔色や表情（温度変化による体調変化がないかなど）、失禁の有無、皮膚トラブル（発疹、発赤、出血、アザなど）の有無、足先に白癬はないかなどを観察し、技能実習指導員に報告するよう指導しましょう。

体調確認と声かけ

- 利用者に声をかけ、体調を確認し、入浴することを説明して、同意を得ます。
- 食後の1時間は、入浴しないようにしましょう。

> **なぜ？**
> 食後すぐの入浴は、消化[7]不良[8]の原因になります。

- 入浴前には、排泄が終わっているようにしましょう。

> **なぜ？**
> 入浴中は腸の動きが活発になって、失禁してしまうことがあります。

2 脱衣室での衣服の着脱

脱衣室へ誘導したらいすに座って衣服を脱いでもらいます。
- 衣服を脱ぐときは、健側から脱いでもらいます。

> 脱健着患が基本です。
> 自分でできることはやってもらいましょう（自立支援）

- 脱いだ衣服と入浴後に着る衣服は分けておきましょう。
- 眼鏡や補聴器をはずしているか確認しましょう。

> **なぜ？**
> 補聴器は濡らしてしまうと、故障の原因になります。

- 寒くないように、室温を調整し、バスタオルなどをかけ、プライバシーに気をつけましょう。

肌が他の人に見られないようにして、プライバシーを守りましょう

介護のポイント
・入浴の介護を始める前に、脱衣室の室温を調整しておきましょう。
・眼鏡や補聴器などははずしているかしっかりと確認して、壊れないようにケースに入れておきましょう。
・洗濯する衣服は、ポケットに何も入っていないか確認しましょう。

3 洗身・洗髪

浴室へ移動する
- 脱衣室から浴室へ移動するときには、付き添いましょう。
- いすに座る前に、お湯でいすや背もたれを温めましょう。

なぜ？
浴室は滑りやすく、転倒に注意するためです。

なぜ？
温めずにいすに座ると冷たいです。

利用者が入浴を拒否する
認知症などの理由で利用者が入浴を拒否した場合は無理強いせず、技能実習指導員に報告するよう指導しましょう。また、利用者が拒否する理由について、技能実習生に理由を考えるよう促しましょう。

入浴中に異変が起きたときの対応
利用者がのぼせてしまい、ヒートショック、めまい、意識消失などの異変がみられた際には、すぐに技能実習指導員に報告するよう指導しましょう。

入浴介護時の服装
女性に対しては、セクハラの被害を受けないように入浴介護時の服装は胸元が開きすぎていないもの、色の濃いシャツ等で行うよう、指導してください。

からだにシャワーをかける

● からだにシャワーをかける前に、必ず声かけをしましょう。

> なぜ？
> 急にシャワーをかけるとびっくりします。

● 声かけは、いつもより大きな声でしっかり伝わるようにしましょう。

> なぜ？
> シャワーの音で聞こえにくくなります。

● 温度を確認して、手をお湯にあててシャワーをかけましょう。

> なぜ？
> お湯に触れていることで温度変化にすぐに気づけるようにします。

● シャワーは、利用者の心臓から遠い指先からかけていきましょう。

> 麻痺がある場合は、健側からかけていきましょう

からだを洗う

からだを洗う

　からだを洗う際に、強くこすりすぎて皮下出血などを起こさないよう、技術確認を行いましょう。また、肌と肌が重なる部分、鼠径部、乳房の下など汚れやすい場所についても説明しましょう。利用者からどの順番で洗いたいのかを聞くことも大切です。ただし、末梢から洗うことは守るように指導しましょう。

● 指先から心臓に向けて洗いましょう。
● 皮膚と皮膚の間は汚れが溜まりやすいので確認をして、洗いましょう。
● あまり強くこすらないで、皮膚が弱い人には泡で洗うようにしましょう。

> なぜ？
> 皮膚が弱くなっているので、強くこすると皮膚によくないです。

頭、顔を洗う

- 耳にお湯が入らないように、手で押さえましょう。
- シャワーをかけて、髪の毛を濡らします。
- 髪を洗うときは、指の腹で洗いましょう。

> **なぜ？**
> つめで洗うと頭皮を傷つけてしまいます。

- 利用者が顔を洗うことが難しいときは、タオルで顔を拭きましょう。

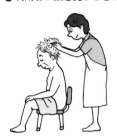

> **介護のポイント**
> - からだを洗う前に、全身の皮膚の状態を観察しましょう。
> - 自分でできることは、声かけをして自分でしてもらいましょう（自立支援）。
> - 皮膚と皮膚の間はよく洗って、きれいに流しましょう。

4 浴そうに入る

①利用者の体調を確認します。
②利用者に介護の内容を説明して、同意を得ます。
③介護職の手でお湯の温度を確認します。お湯の温度は38℃～40℃がよいです。

> 介護職の手で熱くないか確認しましょう

浴そうに入る

湯船につかる文化がない国から来ている技能実習生は、お湯加減について理解が乏しい可能性があります。必ず自分の肌で温度を確認してからお湯につかってもらうように指導しましょう。

記録、申し送り

記録として把握すべき内容、申し送りに必要な事項やアセスメントの着眼点について指導しましょう。記録が何の目的に、どのように活用されているかも説明しましょう。あいまいな表現は避け、利用者の状態が客観的な内容として共有できるように説明しましょう。

④浴そうの縁やバスボードに腰をかけ、健側からまたいで浴そうに入ってもらいます。

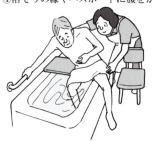

> バスボードが動かないか確認しましょう。バスボードにお湯をかけると冷たく感じません

> 患側に立ち、転倒しないように支えましょう

⑤臀部を上げバスボードを取り、ゆっくりと腰を下ろしてもらいます。

> 浴そうに落ちないように、介護職が臀部を支えましょう

⑥湯加減と姿勢を確認します。ときどき、表情や体調を確認します。

> 両肩にタオルをかけると肩まで温まります

> 表情やからだの色、汗などを観察し体調の変化に注意しましょう

> 入浴時間は、季節やお湯の温度を考えて、5～10分ぐらいで調整しましょう

⑦バスボードに腰をかけて、浴そうから出てもらいます。
⑧患側を支えて、浴そうから足を出してもらいます。

> **介護のポイント**
> ・浴そうへの移動や出入りのときは転倒に注意して、介護職は患側に立ちましょう。
> ・入浴中は、姿勢が不安定にならないように確認しましょう。
> ・体調の変化に注意し、表情をよく観察しましょう。

5 入浴後

①浴そうから上がり、シャワーでお湯をかけます。

> 浴そうのお湯よりも少し熱めのお湯をかけると気持ちよいです

②脱衣室へ移動してもらって、利用者のからだをきれいに拭きます。

> 皮膚と皮膚の間も注意してよく拭きます

> からだはこすらずに押すように拭きましょう

③衣服を着ます。衣服を着る際は、患側から着てもらいます。

> できるところは自分でやってもらいましょう

④髪の毛を乾かします。ドライヤーを頭皮に近づけ過ぎないで、動かしながら乾かしましょう。

> **なぜ？**
> 近づけ過ぎると、ドライヤーの熱でやけどすることがあります。

入浴後の着衣

　入浴後は、靴下などが履きにくくなるため、焦らず介護するように指導しましょう。強引に介護を行うと、つめが剥がれるなどケガをしてしまう可能性もあります。また、着替える衣服は、本人の好みで選択してもらいます。介護職の都合を優先しないように指導しましょう。

水分補給
技能実習生自身も脱水にならないように、小まめに水分補給をするよう、指導しましょう。

報告
入浴介護が完了したら必ず技能実習指導員に報告するよう、指導しましょう。

⑤入浴で汗をかいています。脱水にならないように水分補給しましょう。

> なぜ？
> からだの水分がなくなると、脱水になることがあります。

介護のポイント
・入浴で疲れているので、体調の変化には注意しましょう。
・皮膚の乾燥を防ぐために、入浴後に、保湿クリームで保湿しましょう。
・利用者のからだが冷える前によく拭きましょう。

❸ 手浴・足浴の介護

手足が汚れたり、体調が悪くて入浴できないときなどに手浴・足浴を行います。

1 手浴・足浴の効果
①手足を温めるだけでも、からだ全体が温まります。
②血管が広がって血液循環がよくなるため、手足の冷たい感覚や浮腫[9]が軽くなります。
③からだが温まると眠くなるので、就寝前に行うとよく眠れます。
④毎日行うことで清潔が保てます。

2 手浴の手順

準備

必要物品はすぐに取れる場所に準備しておきます。
〈必要物品〉
- 洗面器
- バスタオル、フェイスタオル
- 石けんまたはボディソープ
- (温度計)

> 手浴後に使うものも準備をしておきましょう

手浴の手順

①利用者に体調を確認し、介護の内容を説明して、同意を得ます。
②温度を確認してから、洗面器に利用者の手を浸し、石けんで指の間をよく洗います。
③お湯をかけます。
④洗い流したあとは、タオルで手をよく拭きます。
⑤体調の変化と痛みの有無を確認し、片付けます。

> 手浴後はつめがやわらかくなっているので、つめ切りをするとよいです

記録、申し送り

記録として把握すべき内容、申し送りに必要な事項やアセスメントの着眼点について指導しましょう。記録が何の目的に、どのように活用されているかも説明しましょう。あいまいな表現は避け、利用者の状態が客観的な内容として共有できるように説明しましょう。

③ 足浴の手順

準備

必要物品はすぐに取れる場所に準備しておきます。
〈必要物品〉
● 洗面器など
● バスタオル、フェイスタオル
● 石けんまたはボディソープ
(● 温度計)

> 足浴後に使うものも準備しておきましょう

足浴の手順

①利用者に体調を確認し、介護の内容を説明して、同意を得ます。
②温度を確認してから、洗面器にお湯を入れて、両足を入れてもらいます。
③片足ずつお湯から出し、かかとを支え、石けんをつけて足の指の間も洗います。
④足をすすいだら、洗面器を取り、バスタオルで足をよく拭きます。
⑤体調の変化と痛みの有無を確認し、片付けます。

> 座位の姿勢がとれる利用者は、いすに座ったり、端座位で行います

> 足浴後はつめがやわらかくなっているので、つめ切りをするとよいです

介護のポイント

・お湯がこぼれてもよいように、バスタオルを敷いておきましょう。
・手浴、足浴をしているときに、手や足をマッサージすると気持ちよいです。
・会話をしながら行うと、楽しい時間となります。

記録、申し送り

記録として把握すべき内容、申し送りに必要な事項やアセスメントの着眼点について指導しましょう。記録が何の目的に、どのように活用されているかも説明しましょう。あいまいな表現は避け、利用者の状態が客観的な内容として共有できるように説明しましょう。

❹ 洗髪の介護

1 ベッド上での洗髪の介護

頭皮と髪を洗うと、汚れが取れて血行がよくなって、気分もよくなります。ベッドの上で洗髪する場合は、洗髪器を使うと洗髪が行えます。利用者の体調や、気持ちよく洗髪できることを考え、方法を選びます。

ベッド上での洗髪の手順

①利用者に体調を確認し、介護の内容を説明して、同意を得ます。
②枕を取り、頭から肩の下に防水シーツとバスタオルを敷きます。
③洗髪器を、頭の真下に置きます。
④くしで髪をとかして、汚れやふけを浮かせます。
⑤頭部全体にお湯をかけます。

⑥シャンプーを泡立て、指の腹で頭皮を洗います。

⑦蒸しタオルで泡を取ります。

147

⑧よくすすぎます。

⑨洗髪器を取って、バスタオルで頭を拭きます。

⑩髪をドライヤーで乾かします。

介護のポイント

- 衣服やシーツが濡れないようにしましょう。
- お湯で流す前に泡を拭き取ると、お湯の量が減らせます。
- ドライシャンプーを使うと、お湯がなくても洗髪できます。

洗髪が難しい場合の方法

洗髪が難しい場合は、お湯で湿らせたタオルで拭いたり、ドライシャンプーを使ったりと、利用者に合わせて行います。お湯がなくても洗髪ができます。

❺ 清拭

1 清拭の方法

清拭は、体調が悪くて入浴ができないときなどに行います。

清拭には、全身清拭と部分清拭があります。プライバシーや保温に注意し、衣服は清拭する部分だけ脱がすようにします。

事前準備

● 室温を調整します。

● タオルやバスタオルを準備します。

● 着替えの衣服を準備します。

● 入浴時のお湯よりも熱めのお湯（50℃～55℃）を準備します。

なぜ？
タオルでからだを拭くため、40℃前後ではからだが冷えてしまいます。

記録、申し送り

記録として把握すべき内容、申し送りに必要な事項やアセスメントの着眼点について指導しましょう。記録が何の目的に、どのように活用されているかも説明しましょう。あいまいな表現は避け、利用者の状態が客観的な内容として共有できるように説明しましょう。

2 上半身の清拭

①介護職はタオルの温度を確認してから、利用者にも確認をします。
②両腕は、指先から心臓に向けて拭いていきます。

> 皮膚の状態を観察しましょう

> なぜ？
> 心臓に向けて拭くと、血流がよくなります。

③胸は、汚れが溜まりやすいので丁寧に拭きます。
④腹部は、腸の流れにそって、「の」の形に拭きます。

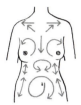

> なぜ？
> 「の」の形でマッサージすると、腸の働きを助けます。

⑤背部は、らせん状に拭きます。

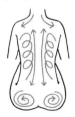

⑥拭き足りないところやかゆいところはないか、利用者に確認します。

拘縮のある利用者への対応

手足に拘縮がみられる利用者については、無理にタオルなどで洗うのではなく、石けんを手に馴染ませながら、手で洗うように指導しましょう。

関節部

関節部など肌と肌が重なる部分については洗い残しのないように指導しましょう。

記録、申し送り

記録として把握すべき内容、申し送りに必要な事項やアセスメントの着眼点について指導しましょう。記録が何の目的に、どのように活用されているかも説明しましょう。あいまいな表現は避け、利用者の状態が客観的な内容として共有できるように説明しましょう。

3 下半身の清拭

①介護職はタオルの温度を確認してから、利用者にも確認をします。
②臀部は、外側から内側に円を描くように拭きます。
③陰部は、女性の場合は前から後ろへ、男性の場合は睾丸のしわを伸ばして拭きます。

> プライバシーや保温に注意し、衣服は清拭する部分だけ脱がすようにします

 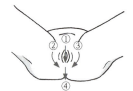

④鼠蹊部は、汚れが溜まりやすいため、皮膚が重なっている部分を伸ばして拭きます。
⑤足は、指先から心臓に向けて拭きます。
⑥拭き足りないところやかゆいところはないか、利用者に確認します。

介護のポイント

・濡れたタオルで拭いたら、すぐに乾いたタオルで拭きましょう。
・皮膚についた水分は、からだを冷やさないようにすぐに拭きましょう。
・タオルは、一度使ったところは使わないようにしましょう。
・こすらないで、軽く押すように拭きましょう。
・清拭している間は、バスタオルをかけてプライバシーや保温に注意しましょう。

6 褥そうの予防

1 褥そうとは

長い時間臥床*10していると、からだの血行の流れが悪くなります。骨の突出（出ている）部分に、傷ができてしまったものを「褥そう」と言います。「床ずれ」とも言います。できると治りにくいです。痛くて、傷口から感染することもあるので、予防することが大切です。

〈仰臥位の場合〉  〈側臥位の場合〉

褥そうができやすいところ　　大転子部

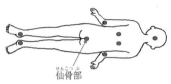

仙骨部

2 褥そうの予防

褥そうをつくらないためには、血行の流れを悪くしないようにします。姿勢を変えたり、皮膚を清潔にしたり、栄養をよくしたりすることが大切です。

① 長い時間臥床している人は、座位になる時間をつくります。寝返りができない場合は、2時間に1回ぐらい、姿勢を変えます。やわらかいマットやクッションを使います。

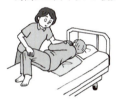

② 入浴や排泄の介護では、皮膚を清潔にして、からだを観察します。

> **なぜ？**
> 皮膚を清潔にするときに、褥そうのできやすい部分を観察することで、早く見つけられます。見つけたら、医療職にすぐに報告します。

③ 栄養のある食事ができるようにします。

褥そうの説明

褥そうがどういったものなのか、褥そうのレベルや写真なども用いて説明しましょう。

褥そうの予防

起き上がりが難しい利用者は、食事や排泄などの生活行為をベッド上で行うことが多くなりがちです。褥そうの予防のためにも、できるだけ移動して生活行為が行えるように支援することが大切だと伝えましょう。

言葉の意味

- ♣1 血行…血液の流れ
- ♣2 効果…やったことで出るよい結果
- ♣3 血液循環…血液がからだの中を流れること
- ♣4 爽快…気持ちがよくなること
- ♣5 和洋折衷式…和式と洋式を合わせたもの
- ♣6 ヒートショック…急な温度差により、からだに負担がかかる症状
- ♣7 消化…体内に入れた食べ物の栄養をとったり、排泄しやすい状態にすること
- ♣8 消化不良…消化がうまくいかない状態
- ♣9 浮腫…皮膚の下に水分が溜まった状態
- ♣10 臥床…ベッドなどで寝ていること

技能実習生を指導する際の日本語

　技能実習生が習得している日本語は基本的に標準語です。そのため、方言がある地方では言葉が理解できず、苦戦しているケースもあります。また、実習当初は施設内で日常的に使われている略語は理解できないことを認識しましょう。基本的な業務は標準語で対応できるよう教育します。また、一つひとつの専門用語の意味を教え、正しく理解しているか確認してください。

Chapter 5 排泄の介護

Chapter 5 排泄の介護

❶ 排泄の介護を行う前に

1 排泄の意義

排泄は、からだの中のいらなくなったものを、からだの外に出すことです。排泄物には、汗や呼吸で出る二酸化炭素などがありますが、おもに介護では、「排尿」と「排便」のことです。

からだの中で食べ物や飲み物の必要な栄養がとり入れられて、いらなくなったものは外に出されます。

人間は、食べないと栄養が足りなくて死んでしまいますが、排泄物をからだの外に出せない状態が長くなっても、死ぬことがあります。排泄は、人が生きるために大切なことです。

2 排泄に関係するからだの部位

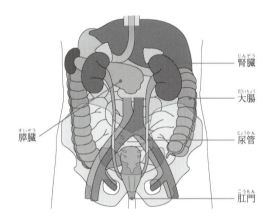

腎臓
大腸
膵臓
尿管
肛門

排泄の介護の理解

排泄は尊厳に関わる、とてもプライベートな行為であるため、利用者の生活に与える影響が大きいです。そのため排泄の介護では、利用者が安心して気持ちよく排泄ができるように、利用者の心身の状況に合わせ、プライバシーを保護することを説明しましょう。

技能実習生によるおむつを使用した排泄の介護の事例

おむつを使用した排泄の介護をする際に、いつも手足をバタバタして「嫌だ、嫌だ！」と暴れる男性利用者Fさんに対して、インドネシア人技能実習生のCさんは、叩かれてしまうのではないかととても怖かったそうです。Cさんは、どうすればFさんが落ち着くか一生懸命考えました。毎日、「私はCです。怖くないです。私はFさんと仲よくなりたいです。Fさんに暴力をしにきたのではありません」と語りました。毎日Fさんに信用してもらおうと話した結果、Fさんは心を開き、今では暴れなくなりました。もしかしたら、FさんもCさんのことが怖かったのかもしれません。Cさんは、介護される側の高齢者の気持ちを考えて介護することをFさんから教えてもらいました。

排泄物の状態

正常な便や尿の説明とともに、排泄表の書き方や観察のポイント、申し送りで必要な項目についても指導しましょう。

③ 排泄物の状態

	尿		便	
	正常[1]	異常[2]	正常	異常
回数／日	（昼）4～8回 （夜）0～1回	1日10回以上 ［頻尿］	1日1～3回 ※個人差がある	排便がない、 少量しか出ない ↓ 便秘
量	（1日） 1000～2000ml （1回） 150～250ml	（多い）＝多尿 （少ない）＝乏尿	（1日） 150～200g	

観察のポイント

- 爽快感があるか。
- 排尿・排便したときに痛みがあるか。
- 尿意（尿がしたいという感覚）、便意（便がしたいという感覚）があるか。

下痢

- 水分が多くて、やわらかい便を下痢便と言います。
- 下痢が続くと、脱水症状を起こすことがあります。
- お湯やスポーツドリンクなどで水分補給をします。
- 下痢の症状は、感染症[3]の場合もあります。
- 下痢の処理[4]は、使い捨て[5]手袋を使います。

便秘

- 便がまったく出なかったり、少量しか出ない状態が続くことを便秘と言います。
- 便秘を予防するには、規則的な排便習慣をつけます。
- 食物繊維[6]がたくさん入った食事や、水分を十分にとります。
- 適度[7]に運動します。
- それでも改善[8]しない場合は、医療職に報告します（下剤[9]などの処方）。

介護のポイント

トイレ誘導などのために、利用者が排泄した時間、回数を記録物から把握するようにしましょう。

排泄の回数

トイレへの希望が頻回な利用者や認知機能の低下により特別な対応が必要な利用者については、技能実習生の対応力がつくまで技能実習指導員の見守りのもとに行いましょう。

4 尿意・便意を感じてからの排泄行為

- 尿意・便意がない
  ・おむつを使用する
- トイレまで行けない
  ・トイレ誘導をする
  ・尿器や便器を使用
- ズボンが下ろせない
  ・動作介助を行う
- 後始末[10]などができない
  ・動作介助を行う

失禁
- 尿や便がトイレでできないで、衣服を汚してしまうことを失禁と言います。
- 認知症の人は、トイレの場所がわからない、便座に座れないなどのために失禁することが多いです。
- 女性は、くしゃみをしたときや、お腹に力が入ったときに失禁することが多いです。

介護のポイント
排泄しているところや、排泄物を他の人に見られるのは恥ずかしいことです。利用者の気持ちを考えて、できるだけ恥ずかしくないように、利用者が自分で排泄できるように介護することが大切です。
何度も排泄を失敗すると、自信がなくなります。生活意欲[11]も低下して、自立した生活が難しくなります。

排泄の姿勢

排泄には、いきむ力が必要です。利用者の姿勢、足の位置などを指導しましょう。また、トイレ誘導の際に、利用者にふらつき、膝折れなどがあった場合は、技能実習指導員に報告するよう指導しましょう。

失禁

失禁がある利用者については、排泄行為のどこで不自由があり、どのようなサポートが必要なのか説明しておきましょう。

排泄の環境

国によってはトイレットペーパーを使わずハンドシャワーで対応している国や、トイレットペーパーが流せない、もしくはトイレットペーパーをゴミ箱に捨てる習慣がある国もあります。技能実習指導員は、日本の排泄の環境を説明する必要があります。

また、排泄の環境では、プライバシーが守られているか、排泄音や臭気の緩和・除去などについても指導しましょう。

5 排泄環境の整備

- 立ち上がりやすくするために、便座のまわりには手すりが必要です。
- 立ち上がる力が弱くなっている利用者に対しては、便座を高くして座りやすくします。
- 緊急呼び出しボタンで、困ったときや排泄が終わったときに介護職を呼ぶことができます。
- トイレのドアは、引き戸がいいでしょう。車いすの利用者でも開けられます。

トイレの表示

トイレの表示には、さまざまなものがあります。

一般的なトイレ　　多目的トイレ

車いすで入ることができたり、おむつ替えシート、ベビーチェアを備えたトイレ

6 排泄に関する用具[12]

尿器・便器

尿器（女性用）　　尿器（男性用）　　差し込み便器

- 尿器は、尿意のある利用者が、トイレへの移動、ポータブルトイレへの移乗や座って排泄することが難しいときに使います。
- 差し込み便器は、便意のある利用者が、トイレへの移動、ポータブルトイレへの移乗や座って排泄することが難しいときに使います。

ポータブルトイレ

ポータブルトイレは、利用者が尿意・便意があってもトイレまで我慢できないときや、移動が難しいときに使用します。

プラスチック型　　　　　　　木製いす型

軽くて持ち運びが簡単で、蹴込み（足を後ろに引くことができるスペース）があれば、足を後ろに引くことができて、立ち上がりやすくなる

重くて持ち運びにくいが、安定している。家具のように見える

排泄に関する用具

バルーンカテーテルやストーマの処理の仕方などについては、技能実習生に一定の対応力がつくまで、技能実習指導員の見守りのもとに行いましょう。

おむつ

 紙おむつ（履くタイプ）　 テープ型おむつ　 女性用パッド　 男性用パッド

紙おむつの種類	尿量	どんな人に使用するか
履くタイプのおむつ	300ml～500ml前後	・衣服の着脱が簡単にできる人 ・立位がとれ、動ける人
テープ型のおむつ	300ml～750ml前後	・腰が上げにくい人 ・衣服の着脱が難しい人
フラット型のおむつ	300ml前後	・おむつのあて方に補正♣13が必要な人
尿とりパッド	100ml～250ml	・尿量が少ない人 ・尿意はあるが失敗してしまう人 ・テープ型などと組み合わせて使う人

❷ トイレでの排泄の介護

1 トイレでの排泄の介護の注意点

①利用者ができるだけ自立できるように介護します。
②手すりや、介護をする広さがあるかなど、安全に気をつけて介護します。
③暑くなく、寒くないように、適切な室温にします。
④トイレのドアやカーテンを閉めて、プライバシーを確保♣14します。
⑤清潔が保持♣15できるように介護します（後始末が難しい利用者は介護職が拭いたり、清拭をします）。
⑥排泄物の量、色、性状♣16などに異常がないか観察♣17をします。
●自分で流せる利用者は排便の確認が難しくなることが多くあるので、医療職と相談しましょう。

158

トイレへの誘導などの拒否

利用者がトイレへの誘導やおむつ交換を拒否した場合、利用者に無理強いせず技能実習指導員に報告するよう指導しましょう。技能実習指導員は利用者が拒否する理由について、技能実習生が理由を考えるよう促してください。

褥そうの観察

排泄の介護時に、仙骨など褥そうのできやすい箇所（Part2 Chapter4「入浴・身体清潔の介護」参照）に発赤がないか観察をするように指導しましょう。

利用者のアセスメント

頻回にトイレに行く利用者に対しては、利用者の行動が体調不良によるものなのか、心因性のものなのか、通常の行動なのかアセスメントすることが必要です。

2 トイレでの排泄の介護の手順（一部介助）

①利用者の体調を確認します。
②利用者に介護の内容を説明し、同意を得ます。
- 利用者はからだが動きにくくなると、トイレに行きたくなくて、拒否することがあります。
- 介護職は、利用者の気持ちを考えて、声かけをします。

③トイレに移動し、車いすを便座の近くに止めます。利用者に健側の手で手すりにつかまってもらい、立ち上がりを介護します。

- 手すりがつかめるところに車いすを置きます
  トイレは転倒しやすいので、気をつけましょう
- ズボンが下げられる利用者は、自分で下げてもらいます
  転倒に気をつけて、支えます

④利用者が安定して立てているか確認して、利用者を支えながらズボンを下ろします。利用者は便座がある位置にからだの向きを変えて、便座に座ります。

- 利用者が静かに座れるように、介護職は両手で腰を支えます
- 排泄時は、かかとを上げ、前かがみになると排泄しやすいです

⑤排泄が終わったら、呼び出しボタンで介護職を呼ぶように説明して、トイレの外に出ます。
⑥呼び出しがあったら、トイレの中に入ります。利用者にトイレットペーパーで拭いてもらい、拭き残しがあれば利用者に確認を行い、手袋をしてトイレットペーパーで清拭します。

なぜ？
排泄の音などを聞かれるのは恥ずかしいことです。
転倒の危険がない利用者を介護するときは、少し離れたところで呼び出しを待ちましょう。

紙おむつなどに排泄物が出ていたときは、陰部や臀部を清拭します。

利用者への声かけ
自立支援の観点から、トイレの使用を求めている利用者に「おむつをしているから大丈夫です」というような声かけをしないように指導しましょう。

排便中の利用者の安全
排便中に意識消失がみられた場合は、利用者の安全を確保したうえで、即座に技能実習指導員に報告するよう指導してください。

手袋の交換
トイレの介護時、おむつ交換時には一人の介護が終わったら、必ず手袋を変えるよう指導してください。

⑦介護職は車いすを健側に置き、手すりなどにつかまって立ち上がりを介護します。
⑧利用者が安定して立てれば、介護職は患側を支えながらズボン、下着を上げます。

> 自分でズボンが上げられる利用者は上げてもらいます。転倒に注意して支えます

⑨手を洗ってもらい、健側に置いた車いすに座る介護をします。

> 便座から車いすへの移動は、車いすの位置に気をつけて、転倒に注意して介護します

⑩下着、ズボンがきちんと履けているか、車いすにしっかり座れているかを確認し、体調の変化と痛みの有無を確認します。

> ゆったりと気兼ね※18 なく排泄できるように、介護することが大切です

覚えておこう！

トイレでの転倒に注意
　転倒は、いつでも起こります。トイレやポータブルトイレでの排泄では、朝3時から6時ごろに多いです。よく眠れなくて、睡眠剤を飲んでいる利用者はふらつくため危ないです。
　転倒の原因は、「暗い」「眠くてふらふらする」「夜は血圧が下がり、立ちくらみする」などいろいろあります。自分でトイレに行ける利用者でも、注意しなければなりません。

報告

　介護完了の報告を必ず技能実習指導員にするよう、指導してください。介護をどこまで行えば完了なのか、技能実習生に指示する必要があります。

記録、申し送り

　記録として把握すべき内容、申し送りに必要な事項やアセスメントの着眼点について指導しましょう。記録が何に、どのように活用されているかも説明しましょう。あいまいな表現は避け、利用者の状態が客観的な内容として共有できるように説明しましょう。

情報の共有

　排泄における観察と記録のポイントは、利用者の尿や便の量、色、性状であることを説明し、情報共有するように指導しましょう。常に同じ介護職が対応するわけではないので、利用者の状態変化の情報を共有することは重要です。

❸ ポータブルトイレでの排泄の介護

1 ポータブルトイレでの排泄の介護の注意点

①利用者ができるだけ自立できるように介護します。

②手すりや足元にマットを敷くなど、安全に気をつけて介護します。

③暑くなく、寒くないように、適切な室温にします。

④カーテンを閉めたり、バスタオルなどをして、プライバシーを確保します。

⑤清潔が保持できるように介護します（後始末が難しい利用者は介護職が拭いたり、清拭をしたりします）。

⑥排泄物の量、色、性状など異常がないか観察をします。

⑦部屋ににおいが残らないように、消臭剤などを使います。

> 日中はトイレで、夜はポータブルトイレで排泄している利用者もいます。夜は、暗いことや足元に力が入りにくいので、ポータブルトイレだと「安心」できます

2 ポータブルトイレでの排泄の介護の手順（一部介助）

①利用者の体調を確認します。

②利用者に介護の内容を説明して、同意を得ます。

ポータブルトイレ

すべり止めマット

> 排泄用具が頭側にあると、利用者が不快に感じます
> ポータブルトイレの位置は、足元側に置くことが基本です

> マットと床との段差に気をつけます

161

③端座位になる介護をします。

④ベッドの手すりにつかまってもらって立ち上がりの介護をします。

> ポータブルトイレに手すりがついていない場合は、可変式のサイドレールがあると便利です

⑤利用者が、安定して立てているか確認して、ズボンと下着を下ろします。

> ズボンが下げられる利用者は自分で下げてもらいます。転倒に注意して支えます

⑥利用者はポータブルトイレのある位置にからだの向きを変えて、便座に座ります。

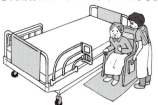

> 便座の位置が遠いと、転倒などの危険があります。座る前に、もう一度ポータブルトイレの位置を確認しましょう

⑦排泄が終わったら、呼び出しボタンで呼ぶように説明して、居室の外に出ます。

⑧呼び出しがあったら、居室の中に入ります。利用者が清拭できていないところは手袋をして清拭します。

> なぜ？
> 排泄の音などを聞かれるのは恥ずかしいことです。
> 転倒の危険がない利用者を介護するときは、少し離れたところで呼び出しを待ちましょう。

⑨ベッドの手すりにつかまってもらって立ち上がりの介護をします。

> ズボンが上げられる利用者は自分で上げてもらいます。転倒に注意して支えます

⑩利用者が安定して立てれば、ズボンと下着を上げます。

⑪利用者の腰を支えながら、ベッドに座る介護をします。

⑫ベッドに横になる介護をします。

> 端座位からベッドに横になるときは、腕がからだの下にならないように、利用者の両腕は胸の前で組みます

⑬利用者はおしぼりで手を清潔にします。介護職は、衣服の着心地、体調の変化と痛みの有無を確認します。

⑭退室のあいさつをして、居室から出ます。

記録、申し送り

　記録として把握すべき内容、申し送りに必要な事項やアセスメントの着眼点について指導しましょう。記録が何に、どのように活用されているかも説明しましょう。あいまいな表現は避け、利用者の状態が客観的な内容として共有できるように説明しましょう。

❹ 尿器や便器を使用した排泄の介護

1 尿器や便器を使用した排泄の介護の注意点

①利用者ができるだけ自立できるように介護します。
②利用者に合わせた尿器や便器を使用します。
③暑くなく、寒くないように、適切な室温にします。
④カーテンを閉めたり、バスタオルなどをして、プライバシーを確保します。
⑤清潔が保持できるように介護します（後始末が難しい利用者は介護職が拭いたり、清拭をしたりします）。
⑥排泄物の量、色、性状など異常がないか観察をします。
⑦部屋ににおいが残らないように、消臭剤などを使います。

2 尿器や便器を使用した排泄の介護の手順（一部介助）

①体調を確認します。
②利用者に介護の内容を説明して、同意を得ます。
③カーテンを閉めて、介護の準備をします。

④バスタオルなどを利用者の足元に置いて、利用者のズボンをひざまで下げます。
⑤利用者に側臥位になってもらって、防水シートをからだの下に敷きます。
⑥利用者に仰臥位になってもらって、防水シートを伸ばします。

⑦利用者に側臥位になってもらって、便器を利用者の臀部にあてた状態で、仰臥位に戻ってもらいます。

足元側から入れる方法もあります

⑧臀部にしっかり便器があたっているか確認します。
⑨頭側をギャッチアップします。

なぜ？
ギャッチアップすると、腹圧がかかり、排泄しやすくなります。角度が大きいと、便器がはずれやすくなるので気をつけます。

⑩排泄が終わったら、呼び出しボタンで呼ぶように説明して、居室の外に出ます。
⑪呼び出しがあったら、居室の中に入ります。ギャッチアップを戻し、介護職は手袋をして、利用者に側臥位になってもらい、便器を取ります。

⑫トイレットペーパーで汚れを拭き取り、清拭しながら臀部、腰部の皮膚の観察をします。
⑬側臥位の状態で、防水シートを丸めてからだの下に入れ、ズボンを上げます。
⑭仰臥位になってもらって、防水シートを取ります。

⑮利用者におしぼりで手を清潔にしてもらいます。介護職は、衣服の着心地、体調の変化と痛みの有無を確認します。
⑯シーツやふとんを整えます。
⑰消臭できているかを確認して、カーテンを開けます。介護職は手を洗います。
⑱退室のあいさつをして、居室を出ます。

> **介護のポイント**
> 排泄の介護が終わったら、排泄の有無や量、状態などの記録をすることが大切です。

❺ ベッド上での紙おむつを使用した排泄の介護

1 ベッド上での紙おむつを使用した排泄の介護の注意点

①利用者のからだの大きさ、尿量などに合ったおむつを選びます。
②暑くなく、寒くないように、適切な室温にします。
③カーテンを閉めて、プライバシーを確保します。
④陰部・臀部の清拭や洗浄をし、清潔を保持します。
⑤排泄物の量、色、性状など異常がないか観察をします。
⑥部屋ににおいが残らないように、消臭剤などを使います。

2 ベッド上での紙おむつを使用した排泄の介護の手順（全介助）

①利用者の体調を確認します。
②利用者に介護の内容を説明して、同意を得ます。
③カーテンを閉めて、介護の準備をします。

記録、申し送り

記録として把握すべき内容、申し送りに必要な事項やアセスメントの着眼点について指導しましょう。記録が何の目的に、どのように活用されているかも説明しましょう。あいまいな表現は避け、利用者の状態が客観的な内容として共有できるように説明しましょう。

おむつ交換

おむつ交換の際には、男性、女性、本人の体型などによりおむつの当て方が変化することがあります。技能実習指導員立会いのもとで利用者別の技術確認を行いましょう。

観察の視点

排泄介護の際には尿色、便を観察し、血尿や血便などの異常が見られた場合には、即座に技能実習指導員に報告するよう指導しましょう。

アセスメントの視点

おむつ交換時には、腰の痛みや体熱感、呼吸や表情などの身体症状があるかどうか観察するように指導しましょう。

専門用語の理解

介護職や医療職が当たり前のように使っている「居室」「尿もれ」「尿汚染」「体熱感」「更衣」などの言葉についてあらかじめ説明し、その観察・記録のポイントも指導しましょう。

④バスタオルなどを利用者の足元に置いて、利用者のズボンを膝まで下げます。

> 利用者のひざを立てられると介護が楽にできます
> 立てられない利用者は伸ばしたまま介護します

⑤おむつを開け、排泄物の状態を確認します。

膝を立てる

⑥陰部を洗浄と清拭し、側臥位になってもらいます。

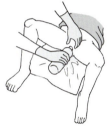
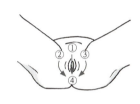

> 陰部は、肛門の方向に向かって上から下に拭きます

⑦臀部を洗浄と清拭し、汚れたおむつを内側に丸めます。

> 臀部は、陰部に汚れがいかないように、肛門から腰の方向に拭きます

> 横を向くと、腹圧がかかって尿が出てしまう利用者もいるので、手早く[19]行います

陰部の洗浄

陰部など刺激に弱い箇所の皮膚を強くこすらないように、洗浄や拭き取りの方向について指導しましょう。

褥そうの予防

おむつ交換の際には、褥そうにならないように、発赤などの皮膚観察をすることを指導しましょう。また、褥そう、陰部発赤や皮膚の爛れなど、普段と違う状態が見られた場合には、利用者の安全な体位を確保した後に、即座に技能実習指導員に報告するよう指導しましょう。

利用者の安全

おむつ交換時に呼吸苦がみられた場合は、利用者の安全な体位を確保したうえで、すぐに技能実習指導員に報告するよう指導しましょう。

体位変換時の対応

体位変換時、尿漏れを起こす利用者についての対応も指導してください。

位置の確認

おむつ交換後にベッドの高さが下がっているか、サイドレールが元の位置に戻っているか、利用者の寝ている位置はどうかなど必ず確認するように指導しましょう。

記録、申し送り

記録として把握すべき内容、申し送りに必要な事項やアセスメントの着眼点について指導しましょう。記録が何に、どのように活用されているかも説明しましょう。あいまいな表現は避け、利用者の状態が客観的な内容として共有できるように説明しましょう。

⑧新しいおむつを開き、丸めた汚れたおむつの下に入れます。

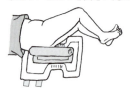

⑨仰臥位になってもらいます。

⑩汚れたおむつを引き出し、取ります。

> 排泄物が、おむつから出ないように取り出すと清潔です

⑪新しいおむつを利用者のからだに合わせます。

> テープは、矢印の方向にしっかり締めます

⑫手袋を取り、利用者のズボンを上げ、衣服の着心地、体調の変化と痛みの有無を確認します。

⑬シーツやふとんを整えます。

⑭消臭できているかを確認して、カーテンを開けます。

> 消臭スプレーなどは、利用者にかからないようにします

⑮退室のあいさつをして、居室を出ます。

男性の尿とりパッドのあて方

> 尿とりパッドを陰茎に巻きつけると漏れにくいです

使い捨て手袋の交換方法

排泄の介護では、感染予防のために「使い捨て手袋」を使います。次の利用者を介護するときは新しい手袋を使います。

📖 **覚えておこう！**

紙おむつを使用した排泄の介護では、大きい声で説明すると、恥ずかしく感じる利用者もいるので注意しましょう。

❻ 立位での紙おむつのつけ方

トイレや、入浴後の浴室での介護のときに立位で紙おむつをつけます。

立位でのつけ方のポイント

- 利用者がしっかり立っていられるようにする（立位を保つのが難しければ、複数の介護職がいること）
- 臀部にあてた紙おむつを介護職の腸骨やふとももなどで固定[20]し、ずれないようにする
- 適切に紙おむつをつける（ゆるかったり、きちんとついていないと尿もれの原因になる）

利用者個々への対応

たとえば、常習的にペニスを掻きむしる男性へのおむつ交換は、技能実習生の対応力がつくまで、技能実習指導員の見守りのもとで行ってください。

自立支援の視点

利用者が車いすを使っている場合も、P.159、160のように、利用者のできない部分を介護することでトイレでの排泄ができます。利用者がなるべく自立して排泄できるように指導しましょう。

利用者の視点

可能であれば、技能実習生がおむつを体験するなど利用者の視点を持てるように指導してみましょう。

利用者の不潔行為

放尿、弄便をする利用者を目撃した場合は、技能実習指導員に報告をするよう指導してください。技能実習指導員は利用者が不潔行為をする理由について、技能実習生に仮説を立てるよう促しましょう。

❼ おむつを使うことによる影響

トイレ→ポータブルトイレ→尿器・便器→おむつの順番のように、おむつを使うことは最後の手段です。

社会面	・においが気になる、おむつをしていることの恥ずかしさがある	外出したくなくなる
		人間関係が悪くなる
	・おむつはお金がかかる	経済的負担が大きい
精神面	・自尊心が低下する ・生活意欲が低下する	認知症が進行する
身体面	・トイレに行くことがなくなり運動量が減る	廃用症候群が進行する
		寝たきりになる
	・陰部や臀部の清潔が保てなくなる	皮膚トラブルが増える

外に出たくなくなります……

生活意欲が低下します……

清潔が保てなくなります……

言葉の意味

♣1 **正常**…ふつうで変わったところが
ないこと

♣2 **異常**…いつもと違っていること

♣3 **感染症**…病気の原因になるものが
からだの中に入って起こる病気

♣4 **処理**…必要なことをすること

♣5 **使い捨て**…一回だけ使って捨てて
しまうこと

♣6 **食物繊維**…食べ物の中にあるも
の。腸を整えて便秘を予防する

♣7 **適度**…ちょうどよい

♣8 **改善**…よくなる

♣9 **下剤**…便秘を改善する薬

♣10 **後始末**…終わった後に片づけるこ
と。この場合は、排便、排尿の後
を拭いて、きれいにすること

♣11 **意欲**…〜したいという気持ち

♣12 **用具**…使う道具

♣13 **補正**…直して合うようにすること

♣14 **確保**…しっかり持っていること

♣15 **保持**…同じ状態を続けること

♣16 **性状**…ものの性質と状態

♣17 **観察**…よく見ること

♣18 **気兼ねする**…遠慮する

♣19 **手早い**…手でするのが早い

♣20 **固定**…動かないようにする

--- 参考文献 ---

・平成29年度社会福祉推進事業「介護分野における技能実習制度の標準的な教育プログラムに関する調査研究事業」『技能実習制度（介護職種）入国後講習用教材』一般社団法人シルバーサービス振興会、2018
・小山珠美『口から食べる幸せを守る ── 生きることは食べる喜び』主婦の友社、2017
・菊谷武『「食べる」介護がまるごとわかる本 ── 食事介助の困りごと解決法から正しい口腔ケアまで、全部教えます』メディカ出版、2012
・井藤英喜・高橋龍太郎・是枝祥子監修『写真でわかるシリーズ 写真でわかる生活支援技術 ── 自立を助け、尊厳を守る介護を行うために』インターメディカ、2011
・介護福祉士養成講座編集委員会編『新・介護福祉士養成講座7 生活支援技術Ⅱ 第3版』中央法規出版、2014
・川村佐和子・後藤真澄・中川英子・山崎イチ子・山谷里希子編著『介護福祉士養成テキスト11 生活支援技術Ⅳ ── 自立に向けた食事・調理・睡眠・排泄の支援と終末期の支援』建帛社、2009
・井上千津子・澤田信子・白澤政和・本間昭監修、柴田範子編『介護福祉士養成テキストブック6 生活支援技術Ⅰ』ミネルヴァ書房、2009
・千葉典子編著『介護福祉士実践ブック12 介護概論・基本介護技術』共栄出版、2002

参考

働く場所の

理解

働く場所を理解するにあたって

多くの技能実習生の母国では介護施設は少なく、日本の各施設の違いをテキストの文章だけで学ぶのは難しいです。インターネットなどを活用し、写真や動画を見ながら伝えると理解しやすくなります。

各施設の特徴を比較する

技能実習生に、各施設の特徴を「介護サービスの内容」「利用者の状態」「規模」「配置職種」「日中活動」などの項目で比較表にまとめさせることも理解の手助けになります。

技能実習生の視点を考慮する

技能実習生の母国では家族が介護を行うことが一般的（P.176「病院」も参照）で、「家族に介護してもらえない高齢者はかわいそう」「日本人の家族は冷たい」と感じることがあります。

技能実習生が働く施設

技能実習生のみなさんが働いている事業所・施設などを紹介します。
介護が必要な人は、施設以外にもいます。自宅で介護を受けて生活している人もいますが、みなさんが日本で働く場所は利用者の自宅ではありません。
ここでは、多くの技能実習生が働く施設などを紹介します。

1 介護老人福祉施設（特別養護老人ホーム）

認知症など常に介護が必要で、自宅での生活が難しい人のための施設です。入浴、排泄、食事などの支援や、機能訓練（リハビリテーション）などを行います。
日本では、おもに「社会福祉法人」と言う社会福祉事業を行う法人が運営しています。

2 介護老人保健施設

病院から退院した人などが、自分の家に帰って生活できるように支援する施設です。看護、機能訓練（リハビリテーション）、食事や入浴などの日常生活の介護を行います。

3 認知症対応型共同生活介護（グループホーム）

認知症がある高齢者が、できるだけ自立した生活を送るために、共同で生活する住居です。自分の家のような環境で、食事や入浴などの日常生活の介護や、機能訓練（リハビリテーション）などを行います。

4 介護付き有料老人ホーム

常に介護が必要で、自宅での生活が難しい人のための施設です。入浴、排泄、食事などの日常生活の介護や、機能訓練（リハビリテーション）などを行います。

1 の特別養護老人ホームと違い、介護付き有料老人ホームはおもに企業などが運営しています。

5 通所介護（デイサービス）

利用者ができるだけ自宅で自立した生活を送ることができるよう、日中に通える施設です。入浴、食事などの日常生活の介護、機能訓練（リハビリテーション）やレクリエーションを行います。また、利用者の自宅から施設まで送迎もします。

1 の特別養護老人ホームや、2 の介護老人保健施設などが運営していることもあります。

認知症高齢者のできることを支援する

グループホームでは、買い物や食事づくり、掃除・洗濯など認知症の高齢者ができることを介護職が支援していること、高齢者が役割を持つことの大切さを伝えましょう。

家族のレスパイト

通所介護の目的のひとつにレスパイト機能があります。大家族で生活し、親戚や近所の助け合いがある技能実習生の母国の生活からは、レスパイトの意味の理解が難しいことを念頭において説明しましょう。

日本の社会や家族の状況を説明する

日本でもかつては家族による介護が一般的であったこと、少子高齢化や医療の高度化で、家族介護が難しくなり、専門職が担う業務に変わったことを技能実習生に伝えましょう。

病院
技能実習生の母国の病院と日本の病院は同じイメージで考えられないことに注意しましょう。医療保険制度がないため病院にかかれなかったり、入院時は家族が泊まりこんで患者の世話をする状況があります。

障害者の支援
技能実習生の母国によっては、障害者は家から出られず、街で障害者をほとんど見かけないという状況があります。障害者支援とは、介護だけではなく、仕事や社会参加も対象であることを伝えましょう。

6 病院
病気やけがを治療するために医療を提供しています。みなさんは、介護が必要な患者に食事や入浴などの支援を行います。

日本では、おもに「医療法人」と言う医療を行う法人が運営しています。

7 障害者支援施設
介護や援助が必要で、自宅で生活することが難しい障害者のための施設です。身体障害、精神障害、知的障害などさまざまな人が対象です。入浴、排泄、食事などの日常生活の介護や、機能訓練（リハビリテーション）などが行われています。

日本では、おもに「社会福祉法人」と言う社会福祉事業を行う法人が運営しています。

利用者の1日の生活

介護老人福祉施設での生活の例

- AM 6:00　起床・モーニングケア　身じたく・排泄　など
- AM 7:00　朝食・口腔ケア
- AM 8:00〜10:00　自由時間
- AM 10:00　レクリエーション活動・入浴など
- PM 12:00　昼食・口腔ケア

その人らしい生活の支援

介護施設は生活の場であり、利用者の個性や生活習慣を尊重し、その人らしい1日の過ごし方ができるよう支援していることを伝えましょう。

利用者の1日の過ごし方を考える

自分の職場での利用者の過ごし方を時間にそって書き出し、利用者にとってどのような意味があるのか、介護職はどのような関わり方を心掛けるのか話し合ってみましょう。

技能移転の視点で考える

技能実習生の母国で介護施設をつくった場合、利用者はどのような1日の生活を送り、介護職はどのような支援をすればよいか話し合ってみましょう。

レクリエーション

単なる遊びではなく、「心身機能の維持・向上」「仲間づくり、コミュニケーション」「生きがい、生活を豊かにする」などの意味があり、計画的に実施されていることを伝えましょう。

「おやつ」の文化

PM 3:00におやつ（間食）をとるのは日本の習慣であり、介護施設のスケジュールの中で取り入れられていることを伝えましょう。技能実習生の母国に似たような習慣があるか聞いてみましょう。

PM 2:00	レクリエーション活動・入浴など
PM 3:00	ティータイム
PM 3:00～6:00	自由時間
PM 6:00	夕食・口腔ケア
PM 7:00～9:00	自由時間
PM 9:00	就寝

技能実習生を保護するしくみ

「外国人技能実習制度」は、技能実習生のみなさんに、日本の産業等に関する「技能」、「技術」、それらを支える「知識」を習得してもらい、帰国後、自国の産業の発展に活躍してもらうことを目的としています。

「外国人技能実習制度」は以前からありますが、技能実習生の保護を図るため、新たに「外国人の技能実習の適正な実施及び技能実習生の保護に関する法律」（以下、「技能実習法」という。）を定め、平成29年11月に施行されました。

技能実習法　基本理念
○ 技能実習は、技能等の適正な修得等のために整備され、かつ、技能実習生が技能実習に専念できるようにその保護を図る体制が確立された環境で行われなければならない。
○ 技能実習は、労働力の需給の調整の手段として行われてはならない。

技能実習法には、関係する人々の責務も規定されています。

国
この法律の目的を達成するため、基本理念に従って、技能実習の適正な実施及び技能実習生の保護を図るために必要な施策を総合的かつ効果的に推進しなければならない。

実習実施者（事業所・施設）
技能実習の適正な実施及び技能実習生の保護について技能実習を行わせる者としての責任を自覚し、基本理念にのっとり、技能実習を行わせる環境の整備に努めるとともに、国及び地方公共団体が講ずる施策に協力しなければならない。

監理団体
技能実習の適正な実施及び技能実習生の保護について重要な役割を果たすものであることを自覚し、実習監理の責任を適切に果たすとともに、国及び地方公共団体が講ずる施策に協力しなければならない。

技能実習生
技能実習に専念することにより、技能等の修得等をし、本国への技能等の移転に努めなければならない。

「技能実習生手帳」の活用
この項目の内容を、技能実習生が日本語の説明のみで理解するのは難しいと思われます。入国時に各母国語で書かれた「技能実習生手帳」が配布されていますので、指導の際に活用するとよいでしょう。

入職時に技能実習の目的の確認を
技能実習生の母国の社会・経済状況を考えると、外国で働いて家族を助けたいという動機を持つ人がいることは否めません。入職時に技能実習の目的やルールを確認することが重要です。

技能移転の意義を伝える
今後、東アジア、東南アジアでは急速に少子高齢化が進むと言われています。技能実習生が日本で学んだ介護の技能をいかし、母国でパイオニアとして活躍できることを伝えましょう。

インターネット、SNSの活用①

外国での生活が初めてという技能実習生も多く、インターネットやSNS（ソーシャル・ネットワーキング・サービス）は心強いツールになります。日本での生活や学習を円滑にするためにも、住居のインターネット環境の整備やパソコン、スマートフォンの購入・契約の支援をすることがのぞまれます。技能実習生が慣れない生活の中でホームシックになることが心配されるため、インターネットのビデオ通話を利用して、母国の家族や友人と気軽にコミュニケーションできることは重要です。

また、日本在住の同国人とSNSで、日本で生活するための工夫や母国の食材購入方法などの情報を共有することができます。

禁止行為への対処

技能実習生から監理団体による禁止行為があることを相談された場合は、技能実習責任者に報告し、監理団体との話し合いや外国人技能実習機構への相談などの対応をとりましょう。

旅券・在留カードの管理

旅券・在留カード※は本人が管理するものです。紛失が心配な場合は、事業所が預かるのではなく、保管方法を指導しましょう。

※常に携帯する義務があり、不携帯の場合は罰則があります。

技能実習計画の変更

技能実習計画にそって技能実習を行っていない場合は違反となります。実習内容と計画に違いがある場合は、外国人技能実習機構に計画変更の申請を行い、認定を受ける必要があることに注意しましょう。

1 技能実習法で禁止されていること

技能実習法は、監理団体や事業所・施設に対して、①〜③のことを禁止しています。これらは、許可を受けた監理団体以外にも、実習管理を行う者も含まれます。また、ここでは事業所・施設がでてきませんが、事業所・施設は「労働基準法」という法律で同じことが禁止されています。

①監理団体が、暴力、脅迫、監禁その他精神又は身体の自由を不当に拘束する手段によって、技能実習生の意思に反して技能実習を強制すること。
（技能実習法第46条）

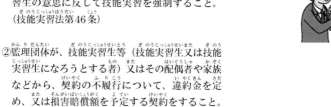

②監理団体が、技能実習生等（技能実習生又は技能実習生になろうとする者）又はその配偶者や家族などから、契約の不履行について、違約金を定め、又は損害賠償額を予定する契約をすること。また、契約に付随して貯蓄の契約をさせたり、技能実習生の貯蓄金を管理する契約をすること。
（技能実習法第47条）

③技能実習を行わせる者※が、旅券（パスポート）・在留カードの保管をすること。また、技能実習生の外出その他の私生活の自由を不当に制限すること。　（技能実習法第48条）

※技能実習を行わせる者…認定を受けた事業所・施設や監理団体のほか、認定を受けずに技能実習を行わせるや許可を受けずに実習監理を行う者も含まれます。

2 相談・通報等の窓口

みなさんを受け入れている事業所・施設や監理団体は、外国人技能実習機構が認定した「技能実習計画」に従って、実習を行います。事業所・施設や監理団体が、この「技能実習計画」に違反した場合、外国人技能実習機構は改善を命じたり、計画の認定取り消しを行うことができます。

1 にあてはまるときや、事前に受けた説明と実習内容が違うときは、我慢せずに相談しましょう。

ここに注意

インターネット、SNSの活用②

技能実習生にとって心強いツールとなるインターネット、SNSですが、技能実習指導員にとって注意する点があります。犯罪組織がインターネットやSNSを利用して言葉巧みに勧誘し、技能実習生が犯罪に巻き込まれる事例があり、行政機関からも注意喚起がなされています。

また、インターネットを通して、母国のニュースや映画、音楽に接する時間が長くなると、仕事以外の生活場面で日本語にふれる時間が減ってしまい、日本語習得の面でマイナスになることがあります。

相談・通報等の窓口

技能実習生（代わりの人でも可能）であれば、誰でも、電話、電子メール、手紙によって、相談・通報ができます。電話は無料です。

相談したことで、監理団体や事業所・施設から不利益な扱いを受けることも法律で禁じられています。安心して相談してください。

対応言語	受付日時	電話番号 ※受付日以外は留守番電話で受け付けています	母国語相談サイトURL
ベトナム語	月・水・金 11:00～19:00	0120-250-168	http://www/support/otit/go/jp/soudan/vi/
中国語	月・水・金 11:00～19:00	0120-250-169	http://www/support/otit/go/jp/soudan/cn/
インドネシア語	火・木 11:00～19:00	0120-250-192	http://www/support/otit/go/jp/soudan/id/
フィリピン語	火・土 11:00～19:00	0120-250-197	http://www/support/otit/go/jp/soudan/phi/
英語	火・土 11:00～19:00	0120-250-147	http://www/support/otit/go/jp/soudan/en/
タイ語	木・土 11:00～19:00	0120-250-198	http://www/support/otit/go/jp/soudan/th/
カンボジア語	木 11:00～19:00	0120-250-366	http://www/support/otit/go/jp/soudan/kh/
ミャンマー語	金 11:00～19:00	0120-250-302	http://www/support/otit/go/jp/soudan/mm/

手紙の送付先：〒108-022　東京都港区海岸3-9-15　LOOP-X　3階
外国人技能実習機構技能実習部援助課

外国人技能実習機構が設置する相談窓口

左記の相談窓口は、監理団体や事業所・介護施設を指導監督し、技能実習生を保護する機関である外国人技能実習機構が設置しているので、安心して相談できることを説明しましょう。

不利益な扱いの禁止

技能実習生が相談・通報したことを理由に、技能実習の中止や減給・降格、嫌がらせなどの不利益な扱いをしてはいけません。これに違反した場合には罰則があります。

母国語での相談

技能実習生の日本語が上達したとしても、母国語でない言葉でこみいった内容を伝えることは容易ではありません。母国語での相談は本人のストレスを軽減し、誤解やトラブルの解消に役立ちます。

Column

技能実習生が地域で暮らすために

日本と母国での習慣、風習、社会的なルールが違うことから、知らずにトラブルになってしまうことがあります。外国人が最も驚くことの一つは、日本のゴミ出し時の分別の細かさです。また、外国人の居住で問題になるのが騒音問題です。日本の暮らしではご近所から「音がうるさい」との苦情が出ないよう配慮することや、地域の清潔を保てるようにゴミの管理をするといった、暮らしの流儀があることを伝えてください。

3 母国語で情報を得たいとき

技能実習機構のHPには、技能実習法の内容、外国人技能実習制度、相談方法などが、みなさんの言語で用意されています（8か国語）。

特に、「技能実習生手帳」は便利です。技能実習生手帳には、雇用条件、保険、日本での生活のルールなどが記載されています。

技能実習機構のHP

https://www.otit.go.jp

4 その他、技能実習生が守られていること

実習先の変更

技能実習生が事業所・施設や監理団体での技能実習の継続が難しくなった場合には、他の事業所・施設や監理団体に移ることができます。技能実習機構に確認しましょう。

一時宿泊先

技能実習生が宿泊施設に宿泊することができない場合、外国人技能実習機構が一時的に宿泊先を提供します。

技能実習評価試験の受検手続き支援

技能実習生は各号修了時に試験を受けます。次号への在留資格の変更のためには、合否結果を早く出す必要があります。外国人技能実習機構では、手続きを早くするために受検手続き支援を行っています（試験の申し込みは監理団体から）。

実習先の変更

事業所から不適正な行為がある場合、実習先を変更できる場合があります。技能実習生がそのことを知らず、我慢するしかないとあきらめている場合がありますので、正しい情報を伝えましょう。

一時宿泊先の提供による支援

技能実習機構が技能実習生の相談を受け、監理団体や事業所に不適正な行為があると判断した場合に、一時宿泊先と食事を提供し、新たな実習先の確保等の支援をすることがあります。

技能実習指導員の役割

技能実習評価試験は、技能実習指導員が技能実習計画に基づいて指導し、その習得状況を確認するための評価試験です。とくに初級（1年目）では、技能実習指導員の具体的な指示を受けての業務遂行状況が評価されます。